내 영혼의 샘터

가슴을 따뜻하게 하는 것이
영혼을 풍요롭게 하는 지름길이다!

내 영혼의 샘터

|라인권 지음|

신교횃불

하늘에 계신 나의 주님과

오직 천국의 소망으로 하루, 하루를 이기며 사시는

김덕희 권사님께 이 책을 드립니다.

"의인은 종려나무 같이 번성하며 레바논의 백향목 같이 성장하리로다
이는 여호와의 집에 심겼음이여 우리 하나님의 뜰 안에서 번성하리로다
그는 늙어도 여전히 결실하며 진액이 풍족하고 빛이 청청하니
여호와의 정직하심과 나의 바위 되심과
그에게는 불의가 없음이 선포되리로다"

(시 92:12-15)

한줄기 샘물이 되기를 바라며

목회(牧會)란 해도 해도 남아 있고 못하는 부분이 있을 뿐만 아니라, 꼭 해야 하나 하기 곤란하고 할 수 없는 여백(餘白)과 같은 부분이 있기 마련이다. 이 목회의 여백을 글을 써서 메워 보려는 시도와 더불어 목사의 생각을 나누고 온 교회가 함께 묵상(默想)하는 자리를 마련하기 위하여 꼬박 27년간 글을 써왔다. 이 책은 이렇게 필자가 '은혜로교회'의 주보에 써온 글 중에 주로 2006년 이후의 글을 묶어 본 것이다.

내가 좋아서 시작한 이 작업이 결코 녹녹한 것은 아니었지만, 이 외로운 작업은 필자에게는 큰 축복(祝福)이 되었다. 이 작업은 내게 관찰력과 통찰력을 가지게 해주었고, 사색하게 하고 사고를 길러 주었을 뿐만 아니라, 자칫 메마르기 쉬운 정서를 지켜 주고 풍요롭게 하여 내 영혼을 고양시켜 주었다. "메마른 정서에 영혼이 살 수 없다! 풍요로운 정서가 영성을 살린다. 하늘의 별을 보아도 길가의 풀 한포기를 보면서도 하나님의 말씀을 들을 수 있는 사람이 그리스도인이다. 이때 일반계시가 특별계시가 된다."라는 것이 시편에서 발견한 나의 지론이다. 무엇보다도 피할 수 없는 자기 성찰의 기회를 제공해 주었다. 물론 효과적으로 목회의 여백을 채워주는 경험도 하게 했다. 가끔 목사님 글에 은혜를 받는다거나, 목사님 글을 기다린다는 인사를 받는 것은 덤으로 누리는 축복이었다.

이 책을 『내 영혼의 샘터』라고 한 것은 이 글들이 "聖" "내 영혼의 샘터"로 명명된 주보표지에 쓴 글이기 때문이기도 하지만 이것이 필자의 영혼의 샘터가 되어준 것 같이 이 책을 읽는 독자들에게 "영혼의 샘터"가 되기를 바라는 소박한 욕심에서이다. 샘은 나그네의 갈한 목을 적셔준다. 샘은 그 속에서 솟아나 넘쳐흘러 시내의 근원이 된다. 그 샘에서 마시려면 엎드리거나, 뜨거나, 길어 올려야 한다. 필자의 글이 심산유곡(深山幽谷)의 숨겨진 샘터와 같이 이름 없는 시골목사의 영혼에서 흘러나온 작은 샘이지만, 이 작은 샘이

곤한 나그네의 갈한 목을 축이고 그 속에서 솟는 샘이 되어 이웃의 영혼까지 적시는 작은 시내가 되며, 믿음의 사고(思考)와 은혜를 길어 올려주는 깊이 있는 묵상의 두레박이 되기를 희망한다.

이 글을 출판하게 된 것은 순전히 김덕희 권사님의 헌신과 독촉 때문이다. 권사님은 필자의 글이 27년 만에 책으로 엮어지게 옥합을 깨뜨려 주셨다. 주보에 글이 나오기를 기다려 주시는 권사님이 무엇보다도 필자에게 위로가 되었다. 이 책의 산파격이 되어주신 사랑을 빚진 김승훈 부장과 예쁘게 편집해준 선교횃불 편집부의 노고와 가혹한 출판 여건 속에서도 기독교문화 창달(基督敎文化 暢達)을 위해서 애쓰시는 김수곤 대표의 수고를 주께서 기억해 주시기를 바란다.

필자가 깊은 고난의 강을 건널 때 은혜(恩惠)를 입었던 분들을 내 몸의 피가 식어도 잊지 않을 것이다. 그 험한 시절을 미소로 함께 하며 넉넉지 않은 교회 목사 사모의 길을 감사함으로 걸어주는 사랑하는 아내와 타조와 같은 아비 아래서도 삶의 여유와 진지함을 아는 사람으로 자라 주고, 저희들 힘으로 미국에서 대학원 과정을 하고 있는 사랑하는 아들

사무엘과 딸 주은이가 이 책의 출판을 제일 기뻐해 줄 것이
다.

혹 이 책으로 인한 좋은 일이 있다면 그것이 무엇이건 전
적으로 이 글을 쓰게 하고 읽어 준 우리 은혜로교회 성도들
의 몫이다. "주는 이 실실하고 착한 양들에게 은총을 내리소
서!"

주후 2013년 추수감사절을 맞으며

차례

Part 02 묵상의 끝자락

사색(思索)의 창가에 내리는 이슬

Part 01
정서가 살아야 영성이 산다!

내 영혼의 수상록

"가는 세월이야 잡을 수는 없지만 추억은 남길 수 있고,
추억이 된 시간은 언제나 가슴에서 의미 있는
새로운 시간을 창출(創出)해 주기 때문입니다."
- 본문 중에서 -

세 월

-가는 세월이야 잡을 수는 없지만 추억은 남길 수 있고,
추억이 된 시간은 언제나 가슴에서 의미 있는
새로운 시간을 창출(創出)해 주기 때문입니다.-

백로(白露)를 지낸지 엊그제 같은데 한 주만 더 지나면 추석이 됩니다. 어느덧 더위로 잠을 설치던 일이 옛일처럼 되고 말았습니다. 계절이 가고 기후가 달라지는 것만큼 세월 가는 것을 느끼게 해주는 것은 없을 것입니다. 왜 그런지 여름이 꼬리를 내리고 찬바람이 나면 문득 겨울이 느껴지고 "이제 때가 되었다"는 심정이 되는 것은 릴케나 저만의 심정은 아닐 것입니다.

나이가 들수록 세월을 의식하게 되지만 어쩔 수 없이 세월과 함께 인생이 가고 있다는 것을 잘 보여주는 것은 아마도 고향에서 어릴 적부터 함께 자라온 지기들일 것입니다. 어저께 종종 전화하던 고향집 아랫집에 살던 친구가 고향 동창(同窓) 딸의 혼인을 알려와 동부인하여 결혼식장에 갔습니다. 식장 입구에서 성

장(盛裝)으로 남편과 함께 하객을 영접하는 그 동창은 이제는 숨길 수 없이 중년이 기우는 여인이 되어 있었습니다. 단발머리에 큰 키, 그리고 예쁜 얼굴의 소녀는 어느덧 품속의 자식들을 하나씩 짝을 지워 출가시키는 어머니로 거기 서 있었습니다.

그 모습에 언제 저렇게 세월이 가서 우리가 이 나이 들었을까 싶었습니다. 더벅머리로 소년의 티를 채 벗지 못하고 서울로, 서울로 올라왔던 친구들, 그리고 얼마의 세월을 보낸 후, 친구의 결혼식장에 함께 앉아 친구의 혼인을 지켜보던 그들은 이제 자식들의 결혼식장에 함께 앉아 있게 된 것입니다. 이렇게 얼마 안 가면 자식들은 다 출가해 떠나고 새끼 떠나보낸 새처럼 두 노인네로 남을 것이라는 생각이 들었습니다. 그 후에 남은 일이야 누가 먼저일지는 모르지만 친구의 부음을 듣고 장례식장에 함께 앉는 일뿐이 아니겠습니까? 이렇게 어쩌다 만나는 고향지기들에게서 세월 가는 자신을 딴 사람 보듯 보게 되고 공감하는 것입니다.

그렇습니다. 이렇게 인생은 결코 길지 않고 세월은 속히 가는 것입니다. 그래서 백이십 살이나 살았던 모세도 "신속히 가니 우리가 날아가나이다"(시 90:10)라고 할 수밖에 없었던 것이지요.

이제 추석이 가면 곧 찬이슬 내리는 한로가 되고, 서리 내리는 상강이 될 것입니다. 세월은 모든 것을 지나가게 합니다. 아름다웠던 청춘도 가게하고, 별 같던 총명도 가고, 심지어 사람도 가게 하는 것이 세월입니다. 그래서 세월이 가는 것을 아는 것이 인생의 지혜입니다. 가을은 이 지혜를 얻기에 좋은 계절입니다. 가을의 우수(憂愁)는 인생을 앓게 하고 이 가슴앓이가 인생을 준비하기 좋게 하기 때문입니다.

세월은 지나가게 하지만 남기는 것도 있습니다. 추억(追憶)이 그것입니다. 이발소 시로 유명한 시의 한 구절같이 괴로운 일과 슬픔도 지나면 소중하고 그리워지는 법이지만, 세월이 가도 남을 아름답고 행복한 추억을 남기시는 이 가을되시기를 바랍니다. 함께 나이 들어가는 지기들을 보면 더욱 그렇게 하게 되지 않겠습니까?

가는 세월이야 잡을 수는 없지만 추억은 남길 수 있고, 추억이 된 시간은 언제나 가슴에서 의미 있는 새로운 시간을 창출(創出)해 주기 때문입니다.

햅쌀밥 그 맛있는 추억

-햅쌀밥의 맛은 햅쌀의 맛만이 아닌 수고와 보람의 맛,
기다림에서 오는 맛이었기 때문입니다.
그리고 그것이 행복이기도 했습니다.
가을이 깊어가는 꾀꼬리 빛 논을 보니
햅쌀밥 한 그릇으로 마냥 행복하던 것이 그리워지고,
그 시절 햅쌀밥 맛이 더욱 그립습니다.-

추석 때만 해도 아직 푸른빛이 싱싱하던 논이 오늘 오전 교회 나오는 길에 보니 어느덧 꾀꼬리 빛이 되어 황금 들판을 이루고 있었습니다. 잘 익은 벼는 꾀꼬리 빛이 납니다. 정오의 햇살아래 빛나는 가을 논도 좋지만, 햇살이 비끼는 시간 특히 지는 가을 햇살을 환히 받은 벼는 탄성을 올릴 만큼 황홀합니다. 그래서 저는 이때면 지평선이 보이는 툭 터진 너른 들녘에 가고픈 충동을 느낍니다. 꾀꼬리 빛으로 익어가는 벼를 보다 문득 어린 시절 이때면 먹던 햅쌀밥의 잊을 수 없는 맛이 떠올랐습니다.

돌아보면 그 시절엔 햅쌀밥을 먹는다는 자체가 감격이었습

니다. 보리가 나면서는 긴긴 여름 내내 쌀 한 톨 없는 꽁보리밥만으로 사는 것이 그 시절 대부분의 형편이었습니다. 그러니 언제나 쌀밥을 먹게 되나 햅쌀이 나오기를 고대합니다. 그러나 가을이 되고 벼가 익어도 금방 햅쌀밥을 먹을 수 있는 것은 아닙니다. 벼가 익으면 아버지와 함께 일부분의 벼를 벱니다. 그리고 홀태로 훑어서 몇 날을 멍석에 말려야 하고, 벼가 적당히 마르면 방앗간에 가서 방아를 찧어 와야 비로소 햅쌀밥을 지을 수가 있게 됩니다. 그래서 첫 햅쌀밥은 으레 저녁상에 오르기 마련입니다.

어머니가 이 갓 찧어와 아직도 온기가 남은 수정(水晶) 같은 햅쌀로 밥을 지어 저녁상에 올린 기름이 자르르 흐르는 햅쌀밥은 희다 못해 약간 푸른 기가 돌았습니다. 어머니는 첫 햅쌀밥을 지을 때는 꼭 양념간장과 겉절이를 내셨습니다. 모락모락 김이 오르는 하얀 햅쌀밥의 빛깔이 우선 눈에 맛있고, 그 구수한 밥 냄새가 그렇게 좋을 수가 없었습니다. 윤기가 나는 따끈한 햅쌀밥을 양념장에 비벼서 먹던 그 맛과 함께 햇무를 숭숭 썰어 넣고 끓인 청국장의 맛은 지금도 눈에 선합니다.

지금이야 햅쌀로 밥을 지어 먹어 봐도 햅쌀밥을 먹는다는 감격도 없고 이상하게 그때 그 맛이 나지도 않습니다. 그것은 어쩌면 당연합니다. 지금은 항상 쌀밥을 먹기 때문이기도 하지만, 내 손으로 심고 가꾸고 거두는 수고와 기다림이 없기 때문일 것입니다. 햅쌀밥의 맛은 햅쌀의 맛만이 아닌 수고와 보람의 맛, 기다림에서 오는 맛이었기 때문입니다. 그리고 그것이 행복(幸福)이기도 했습니다.

말씀의 맛도 마찬가지일 것입니다. 말씀에 주리고 목마름과 말씀의 양식을 먹으려는 수고와 기다림은 말씀을 마치 햅쌀밥 맛이 되게 할 것입니다. 천고마비(天高馬肥)의 햅쌀의 계절에 말씀의 맛을 잃는 것은 참을 수 없는 일입니다. 어릴 적 햅쌀밥 먹기를 기다린 것 같이 말씀 먹기를 힘쓰고 기다려 이번 가실이 말씀의 맛과 말씀을 먹는 감격을 되찾는 계절이 되게 해보지는 않으시렵니까?

가을이 깊어가는 꾀꼬리 빛 논을 보니 햅쌀밥 한 그릇으로 마냥 행복하던 것이 그리워지고, 그 시절 햅쌀밥 맛이 더욱 그립습니다.

세월감

-예배시간은 예배 자체의 은혜만이 아니라
세월감(歲月感)을 느끼게 하고
거기서 인생감(人生感)을 느끼게 하여
영적으로 철든 인생이 되게 하시려는 하나님의 장치입니다.
세월감을 느껴야 인생감을 느끼고 그럴 때에
모세처럼 기도하게 될 것이기 때문입니다.-

오늘 새벽기도회 가는 길은 안개가 자욱했습니다. 한여름 같으면 새벽기도회에 나가는 시간도 훤했는데 지금은 새벽기도를 마치고 돌아와도 어둑어둑합니다. 운전을 하면 속도감이라는 게 있습니다. 이 속도감을 즐기려고 고속도로를 질주하는 폭주족들도 있습니다. 우리나라의 도로 상황에서 폭주는 무모하지만 적당한 속도감(速度感)을 느끼는 드라이브는 정신건강에도 좋습니다. 운전하며 도로를 주행하는 속도를 느끼는 것이 속도감이라면, 세월이 지나가는 것을 체감하는 것은 세월감(歲月感)이라고나 해야 할까요?

질주하는 자동차의 속도를 알게 하는 것이 속도계라면 세월

가는 속도를 재는 세월의 속도계는 아마도 예배시간이 가장 좋은 세월의 속도계일 것입니다. 우리네 그리스도인들은 예배하도록 지음 받았고 예배하도록 구원을 받은 존재들입니다. 그렇기 때문에 그리스도인들에게는 반드시 정해진 예배시간이 있고, 정해진 시간에 모여서 예배하는 사람들입니다. 그래서 폴 쥬이트는 그의 주일에 관한 책에서 "만일 외계인이 외계에서 지구를 본다면 일정한 날과 시간에 모이는 무리들을 발견할 것이다."라고 했습니다.

이 예배시간만한 세월의 속도계는 없고 예배시간 만큼 세월의 속도감을 느끼게 하는 것도 없을 것입니다. 그리스도인에게는 한 해와 한 주간이 주일예배와 밤 예배로, 그리고 기도회 시간으로 구획되어 있습니다. 주일을 지키고 월요일인가 하면 주일이 다가옵니다. 그렇게 주일예배 네 번이면 한 달이 어느덧 가버립니다. 주일예배 53번이면 일 년이 갑니다. 모든 그리스도인들은 주일을 지키며 '한 주일이 이렇게 빨라!' 라고 생각하며 세월감을 절감하면서 삽니다. 밤 예배도 그렇습니다. 여름에는 예배시간이 되어도 밝습니다. 그러던 것이 지금은 7시만 되어도 캄캄하여 '여름 같으면 아직도 해가 있는데!' 하게 되는 것입니다. 새벽에도 얇은 옷도 무겁게 느껴지던 때가 엊그제 같은데 오늘 새벽은 겨울옷을 걸쳐도 한기를 느끼게 합니다.

철이 든다는 말은 때를 안다는 의미이기도 합니다. 세월감을 느끼는 데서 인생을 배우고 지혜를 얻는다는 거지요. 그러나 세월감을 느끼는 것이 반드시 지혜를 얻게 하는 것은 아닙니다. 모세는 시편 90편에서 평생이 순식간이며 "신속히 가니 우리가 날아가나이다"라고 무섭게 빠른 세월감을 고백했습니다. 그러면서도 그는 인생의 날을 계수하는 지혜를 기도하고 있지 않습니까? 세월감을 느끼면서도 지혜를 얻지 못하고 세월만 낭비하기가 쉽기 때문이지요. 이것이 많은 그리스도인들이 예배시간을 지키며 세월감을 느끼면서도 영적으로 철들지 못하는 실상을 잘 보여주는 사례일 것입니다.

그렇습니다. 예배시간은 예배 자체의 은혜만이 아니라 세월감(歲月感)을 느끼게 하고 거기서 인생감(人生感)을 느끼게 하여 영적으로 철든 인생이 되게 하시려는 하나님의 장치입니다. 세월감을 느껴야 인생감을 느끼고 그럴 때에 모세처럼 기도하게 될 것이기 때문입니다. "우리에게 우리 날 계수함을 가르치사 지혜로운 마음을 얻게 하소서"(시 90:12).

가을만큼 세월감을 느끼게 하는 계절은 없습니다. 이 가을에 느끼는 세월감으로 우리도 모세처럼 겸허히 기도하여 영적으로 철드는 계절이 되도록 해 봅시다. 내 인생에 남은 시간이 거의 없음을 직면할 때에 내 인생을 헛살지 않았노라고 고백할 수 있도록 말입니다.

멜라민 공포

-우리와 우리 아이들에게 멜라민보다
더 두려워하고 염려할 것이 있습니다.
그것은 죄로 얻은 양식(糧食)을 먹이는 것입니다.
멜라민은 육체만 상하게 하나
죄 묻은 양식을 먹게 하면 마음과 영혼을 해하게 됩니다.-

중국 「싼루사」의 멜라민 분유 파동으로 이 땅엔 멜라민 공포가 널리 그리고 깊숙이 확산되고 있는 중입니다. 이 멜라민 파동을 접하고 멜라민 수지(melamine resin)이라는 물질을 검색해 보았지만, 화학 지식이 별로인 저는 이 화학물질을 한 마디로 설명할 수는 없습니다. 그냥 쉽게 설명하면 이 화학물질이 일정한 온도에 달하면 무색의 결정을 이루고 이것이 사람이나 동물의 신체에 들어가면 요로와 신장에 결석을 만들고 신장질환을 일으키고 심하면 사망케 된다는 내용입니다. 현재 중국에서만 6천2백여 명의 아기들이 신장 결석이 생기고 3명이 사망했다는 것이 이 물질이 인체에 얼마나 치명적인지를 웅변적으로 말해주고 있습니다.

왜 싼루사가 이런 유해하고 치명적인 화학물질을 유제품(乳製品)에 사용했는지는 보도된 대로 유제품의 단백질 함량이 높은 것으로 보이기 위해서입니다. 중국의 낙농가와 우유회사들은 우유의 양을 늘리기 위하여 우유에 물을 탔습니다. 물을 타면 단백질 함량이 낮아져서 검사에 통과할 수 없게 되자 멜라민을 사용했다는 것입니다. 그것은 단백질이 높으면 질소의 함량이 높으므로 중국 당국은 우유를 검사 할 때에 단백질이 아닌 질소 함량을 검사했기 때문입니다. 우유와 유제품에 멜라민을 넣으면 질소 함량이 높아져서 검사를 통과할 수가 있었습니다. 그래서 중국에서 멜라민은 검사를 통과하는 신비한 물질로 통하고 있습니다. 이 멜라민 공포가 지금 온 세계를 흔들고 있습니다.

우유에 물을 타는 마음이 멜라민을 쓰게 했고, 식품에 멜라민까지 사용하는 윤리를 상실한 이기적인 발상이 결국 회사만이 아닌 중국이라는 거대한 나라의 신용도를 추락시키는 결과를 가져온 것입니다. 이 부도덕하고 비인간적인 행위가 지금 온 세상으로 하여금 멜라민을 섭취하면 어쩌나 염려하고 두려움에 떨게 만들었습니다.

그러나 우리와 우리 아이들에게 멜라민보다 더 두려워하고 염려할 것이 있습니다. 그것이 죄로 얻은 양식(糧食)을 먹이는 것입니다. 멜라민은 육체만 상하게 하나 죄 묻은 양식을 먹게 하면 마음과 영혼을 해하게 됩니다. 죄로 양식을 얻으려는 마음이 중국을 망치듯, 죄 묻은 양식은 자녀와 조국을 망하게 할 것입니다. 그러므로 자신과 자녀교육의 성공은 죄 없는 성결한 양식을 먹이는 것입니다. 이것이 멜라민 공포로 이 시대에 주시는 하나님의 음성일 것입니다. 지금 당신은 어떤 양식을 먹고 먹이고 있으십니까?

춘설! 봄을 느끼는
따뜻한 눈을 보며

-우리 그리스도인은 시인이 말을 선택하는 것보다
더 섬세하게 언어를 선택해야하고
시심(詩心)보다 더 고운 마음으로 말해야 할 것입니다.
이렇게 믿음으로 말한다면
정지용이 봄눈에서 받은 선뜻한 신선함을
우리 그리스도인들에게서 느끼게 되지 않겠습니까?-

새벽기도를 가려고 집을 나서니 눈이 하얗게 내리고 있었습니다. 우수가 지나고 경칩이 가까운데 한겨울 같이 칼바람 불며 싸락눈을 뿌리는 풍경을 보자, 정지용의 시 '춘설'이 생생하게 살아나왔습니다. "문 열자 선뜻 먼 산이 이마에 차라" 춘설의 첫 구입니다. 이로 보아 그날 정지용은 오늘 저처럼 이른 아침 아무 생각 없이 문을 열었다가 문득 밤새 내린 봄눈에 덮인 먼 산을 보고 이마가 서늘한 신선한 한기를 느꼈을 것입니다.

이 정지용의 '춘설'을 읽으면 질문이 일어납니다. 그의 시는 모국어의 아름다움과 더불어 토속어의 정겨움을 재발견하게 해 줍니다. ‘춘설’도 그렇습니다. 이렇게 모국어의 아름다움을 유감없이 드러내는 ‘춘설’에서 왜 정지용은 ‘봄눈’이란 순수 우리말을 두고 춘설(春雪)이라는 한자어 제목을 채택했을까 궁금했습니다. 그래서 ‘봄눈’과 ‘춘설’을 번갈아 여러 번 발음해 보았습니다. 번갈아 발음해 본 것은 봄눈과 춘설, 어느 쪽이 시적 어감(詩的 語感)을 가지는가를 알아보기 위해서입니다. 결론은 봄눈보다 춘설이 더 시적인 어감을 가진다는 결론에 이르렀습니다. ‘봄눈’ 하면 왠지 평범한 느낌이지만 ‘春雪’ 하면 해석적이며 세련미를 느끼게 합니다. 한글세대인 필자도 그렇다면 한문세대인 정지용은 더욱 그랬으리라고 여겨집니다. 이렇게 시는 같은 말을 어떻게 쓰느냐에 시의 생명이 있습니다.

이것이 어찌 시에 국한되겠습니까? 흔히 “어 다르고 “아 다르다”고 말합니다. 일상생활의 언어에도 어감이 중요하다는 것입니다. 같은 말을 해도 마음을 평안하게 해주고 기쁨을 주는가 하면 불편하게 하고 심지어 싸움을 불러일으키기도 합니다. 이렇게 말이 어떤 어감을 가지는가는 순전히 어떤 마음에서 말하는가에 달려있습니다. 아무리 달콤한 말을 해도 마음에 미움이 있으면 비수같이 날카로울 것이요, 아무리 엄하게 말해도 마음에 사랑을 두고 하는 말은 부드럽게 들릴 것입니다. 마음에 악감정을 가진 말은 입술에 꿀을 바른 듯이 말해도 한겨울 눈보라와 같이 사람의 마음을 싸늘하게 할 것이며, 마음에 애정을 두고 하는 말은 마치 춘설 같아 말은 엄해도 굳은 마음을 녹여 줄 것입니다.

그래서 성경은 악인의 특징을 이렇게 묘사했습니다. "그의 입은 우유 기름보다 미끄러우나 그의 마음은 전쟁이요 그의 말은 기름보다 유하나 실상은 뽑힌 칼이로다"(시 55:21). 이런 구절들이 성경에 얼마나 많은지, 우리가 새삼 놀랄 필요도 없습니다.

그러므로 믿음은 야고보가 말한 것과 같이 두 마음으로 말하는 것이 아닙니다. 믿음은 거짓이 아니라 진실과 사랑으로 말하는 것입니다. 무슨 말을 하든지 그 말에 심판이 따릅니다. 그러므로 우리 그리스도인은 시인이 말을 선택하는 것보다 더 섬세하게 언어를 선택해야하고 시심(詩心)보다 더 고운 마음으로 말해야 할 것입니다. 이렇게 믿음으로 말한다면 정지용이 봄눈에서 받은 선뜻한 신선함을 우리 그리스도인들에게서 느끼게 되지 않겠습니까? 이것이 가까운 사람들을 행복하게 할 뿐만 아니라 무엇보다 자신을 행복하게 할 것입니다. 자기가 한 말 때문에 스스로 부끄럽고, 한밤을 후회로 보내 본 적이 누구나 한 번씩은 있지 않습니까?

일기 예보는 내일도 봄을 시샘하는 춘설이 내린다고 합니다. 내일은 차가워도 봄을 느끼게 하는 따뜻한 눈을 다시 볼 것 같습니다.

곡우에 내린 비의 경제적 가치

-은총을 모르는 것은 사람을 각박하게 하고
행복을 모르게 합니다. 내리는 비에도 은총을 노래할 수 있는
영혼과 사회는 얼마나 풍요롭고 행복하겠습니까?-

곡우는 곡식에 필요한 비가 내리는 때입니다. 이 시기에 벼농사 중의 농사인 못자리를 합니다. 그래서 벼농사가 가장 중요한 산업이었던 옛날에는 이날만은 죄인도 잡아가지 않게 할 정도였습니다. 극심한 겨울 가뭄으로 목마른 이 땅에 지난 곡우에 단비가 내렸습니다. 이 곡우가 내린 며칠 후에 기상청 국립기상연구소가 곡우에 내린 비의 경제적 가치가 4,634억 5천만 원에 이른다고 발표했습니다. 좀 자세히 소개하면 대기질 개선 효과가 가장 큰데 그 개선 효과는 2,913억 원에 달하며, 가뭄피해 해소 효과가 1,572억 원에 이르고, 전국 댐에 공급된 물이 122억 9천만 원 어치라고 합니다. 여기에는 수질개선 효과 등을 포함하지 않았습니다. 이렇게 기상청이 내리는 비의 경제적 가치를 발표한 것은 이번이 처음이라고 합니다.

어디 지난 곡우에 내린 비의 가치가 이것뿐이겠습니까? 지상
이 깨끗해지는 효과, 곡식과 초목이 자라는 효과에 정서적 효과
까지도 있습니다. 저는 이 뉴스를 들으며 이런 생각을 했습니다.
곡우 양일에 거쳐 내린 비의 가치만 따져도 이 정도라면 한 해
동안 내린 비의 가치는 얼마나 될까? 이는 상상할 수 없는 가치
일 것입니다. 그런데 우리는 이것을 공짜로 받아 누려오면서도
이 은택을 주시는 하나님을 인정하지 않으려 하고 감사하지도
않습니다. 아니 자연을 외경하면서도 그 자연을 주신 하나님은
경외하지 않습니다.

우리가 사는데 받는 하나님이 주시는 자연적인 혜택이 어디
비뿐입니까? 사람을 포함한 모든 생명체가 이 은총으로 숨 쉬며
살고 있지 않습니까? 만약 우리 하나님께서 수자원공사가 물 값
받고 수도료 받는 것처럼 강수에 값을 매겨 받으시고, 한전이나
가스공사가 요금 받는 것 같이 하나님께서 에너지 요금을 받으
신다면, 우리는 얼마나 막대한 비용을 지불해야 할지 상상할 수
조차 없습니다. 그럼에도 하나님을 과학이나 돈으로 대체하는
인간의 행위는 오히려 이해할 수 없는 배은(背恩)이 아니겠습니
까?

그러므로 믿음은 자연에서 하나님의 은총을 읽게 하고 감사

와 신앙고백을 하게 하는 것입니다. "땅을 돌보사 물을 대어 심히 윤택하게 하시며 하나님의 강에 물이 가득하게 하시고 이같이 땅을 예비하신 후에 그들에게 곡식을 주시나이다…주의 은택으로 한 해를 관 씌우시니 주의 길에는 기름 방울이 떨어지며 들의 초장에도 떨어지니 작은 산들이 기쁨으로 띠를 띠었나이다"(시 65:9,11,12).

자연의 혜택에서 이런 신앙고백과 감사를 드리는 믿음에 하나님은 이른 비도 은택을 입히게 하실 것이며, 당신이 주님께 더욱 은총을 받고 사는 행복한 존재임을 알게 하실 것입니다. 처음으로 비의 경제적 가치를 발표한 기상청이나 이 소식을 전하는 앵커가 이 은총을 덧붙여 전했다면 얼마나 멋졌을까요? 은총을 모르는 것은 사람을 각박하게 하고 행복을 모르게 하기 때문입니다. 내리는 비에도 은총을 노래할 수 있는 영혼과 사회는 얼마나 풍요롭고 행복하겠습니까?

신종 인플루엔자 공포

-신종플루의 백신이나 치료제는 완전하지 못하고 부작용도 있지만,
복음은 죄와 사망을 치료하는 완전한
하나님의 구원의 방법이자 능력입니다.
신종플루 백신과 타미플루는 수요를 공급하기에 턱없이 부족하지만,
복음은 무제한적입니다. 타미플루는 사지 못할 이도 있지만,
복음은 차별이 없고 누구나 소유할 수 있기 때문입니다.-

전 세계를 떨게 하는 신종플루가 국내에서도 4명의 사망자를 발생케 하며 대유행을 예고하고 있습니다. 처음 멕시코에서 발병된 신종플루 돼지독감이 곧 전 세계에 동시 다발적으로 확산되어, 양돈(養豚)이 타격을 받을 조짐을 보이자 세계보건기구는 "돼지독감"이라는 이름을 쓰지 않고 "신종플루"라고 명명했습니다. 신종플루의 대유행을 앞두고 있는 세계가 백신과 그 치료제에 주목하고 관심이 증폭되는 것은 당연한 현상이지만, 아직까지 백신 개발이 지연되고 있고 신종플루 치료제가 턱없이 부족한 형편이기 때문에 신종플루는 세계를 더욱 공포에 떨게 하

고 있습니다.

이 신종플루 치료제로 알려진 '오셀타미비르' (Oseltamivir, 국제일반명) 또는 상품명인 '타미플루' (Tamiflu)는 스위스의 제약회사 로슈홀딩(Roche Holding)이 특허권을 가지고 세계에서 유일하게 독점 생산하는 조류 인플루엔자(AI) 치료제입니다. 바이러스를 증식시키는 효소 기능을 막아 치료효과를 내는 항바이러스제이며, 증상이 발생한 뒤 48시간 안에 복용해야 효과가 크다고 합니다. 이 치료제마저 특허권을 가진 로슈홀딩이 10년간 풀가동 생산을 해도 전 세계 인구의 20%밖에는 공급할 수 없는 실정이라고 합니다. 이런 형편이 복합되어 더욱 전 세계를 신종플루 공포에 떨게 하고 있는 것입니다.

이 신종플루 공포는 하나님의 구원의 방법인 복음의 완전성을 실감하게 합니다. 신종플루의 백신이나 치료제는 완전하지 못하고 부작용도 있지만, 복음은 죄와 사망을 치료하는 완전한 하나님의 구원의 방법이자 능력입니다. 신종플루 백신과 타미플루는 수요를 공급하기에 턱없이 부족하지만, 복음은 무제한적입니다. 타미플루는 사지 못할 이도 있지만, 복음은 차별이 없고 누구나 소유할 수 있기 때문입니다.

따라서 지금 전 세계를 공포에 떨게 하고 있는 신종플루는 바이러스보다 죄를 무서워하라는 하나님의 경고이자 화급하게 복음을 전하라는 명령이라고 생각합니다. 복음은 모든 믿는 자를 구원하는 하나님의 능력입니다(롬 1:16). 그러므로 믿음은 이 복음의 능력을 확신하여 구령(救靈)에 불타게 하고 복음을 전할 수밖에 없게 하는 것입니다. 누구든지 복음을 듣는 자는 살아나기 때문입니다. 11월 신종플루의 대유행을 앞두고 이 확신으로 화급히 복음의 백신을 대유행시켜야 하겠습니다. 모든 사람이 복음을 들을 수 있게 말입니다.

그 꿩은 왜 안 울까?

-이렇게 생각하다 실소(失笑)하고 말았습니다.
왜냐하면 주님은 꿩이 아닌 우리를 염려하신다는 사실 때문입니다.
지금은 염려되고 걱정이 많은 마이너스 시대이지만
하늘 아버지께서 새와 들풀이 아닌
우리를 염려해 주시고 필요를 준비해 두고 계시기 때문입니다.-

작년 늦여름 아파트 앞 절개 면을 온통 가시덩굴이라 불리는 환삼덩굴이 뒤덮어 버렸습니다. 그때는 절개 면을 덮고 자라던 목초와 풀들의 씨앗이 여물 무렵이었습니다. 해마다 초겨울과 늦겨울인 봄까지 여기에 꿩들이 내려와서 그 풀씨를 먹었습니다. 거실에서 이 꿩을 보는 재미가 이만 저만이 아니었습니다. 그런데 절개면 한편에 자라던 환삼덩굴이 해마다 그 영역을 넓혀오다 작년 여름 마침내 전 지역을 석권해 뒤덮어버렸습니다. 무성하던 수풀 위로 환삼덩굴이 덮이자 얼마 못 가서 빛을 보지 못하는 풀숲은 이 환삼덩굴 밑에서 썩어버리고 말았습니다.

이렇게 가시덩굴이 풀숲을 덮는 것을 보자 "꿩이 안 오면 어쩌나?" 하는 걱정이 생겼습니다. 꿩이 즐겨먹는 풀씨가 사라지면 꿩이 찾지 않을 것 같은 생각이 들었기 때문입니다. 아니나 다를까? 지난 초겨울부터 봄이 되는 지금까지 꿩을 볼 수가 없었습니다. 우리가 사는 아파트는 이 범면이 시야를 막아 보이는 것이라곤 이 범면 뿐입니다. 그래서 이 범면을 보면 그 꿩들이 생각나고 기다려지며, 은근히 걱정되기도 합니다. "혹시 우리 꿩들에게 무슨 일이 생긴 것은 아닐까?"라는 불길한 생각도 듭니다.

작년 섣달 그믐날이었습니다. 오랜 만에 가족들이 모여 설음식을 만들고 있는데, 꿩 한 마리가 거기 내려와서 오두머니 앉아 있지 않겠습니까? 온 가족이 신기하게 지켜보는데 이놈이 온종일 움직이지 않고 그 자리에 앉아 있었습니다. 저물 무렵부터 눈이 내려 눈이 하얗게 덮여도 그 꿩은 그대로 있었습니다. 이걸 보고 "재는 왜 집에 가지 않느냐?"며 성화를 대던 아내는 밤이 되자 손전등을 비춰 보며 걱정을 했습니다. 물론 설날 아침 그 꿩은 거기 없었습니다. 그래서 지금 작년 음력 섣달 그믐날 내리는 눈을 하얗게 맞으면서도 밤이 되기까지 꼼짝하지 않고 있던 '우리(?) 꿩' 이 왜 안 오는지 염려되고 기다려집니다.

이렇게 꿩을 생각하다가 주님의 말씀이 생각났습니다. "공중의 새를 보라…너희 하늘 아버지께서 기르시나니"(마 6:26). 그 꿩들 아니, 우리 꿩은 산야(山野)에 방치되어 있는 것이 아니라 하나님의 돌보심 아래 그 분의 농장에서 길러지고 있는 중이라는 말씀이 아닙니까? 이렇게 생각하다 실소(失笑)하고 말았습니다. 왜냐하면 주님은 꿩이 아닌 우리를 염려하신다는 사실 때문입니다. 지금은 염려되고 걱정이 많은 마이너스 시대이지만 하늘 아버지께서 새와 들풀이 아닌 우리를 염려해 주시고 필요를 준비해 두고 계시기 때문입니다.

제 꿩이 그 분의 돌보심 아래 있다면, 우리는 얼마나 더하시겠습니까? '어떻게 살아가지?' 이렇게 염려와 두려움이 엄습할 때도 하늘 아버지께서 잊지 않으시고 돌보고 계신다는 사실을 잊지 맙시다. 염려가 되면 염려를 그치고 그분께 기도합시다. 믿음이란 내일이 염려될 때에 하나님의 돌보심을 바라고 그 분께 기도로 삶을 의탁하는 것입니다. 염려를 그치고 기도하는 믿음에 주님은 언제나 후하게 넉넉히 채워주실 것입니다. 이 주님께서 지금 제 꿩이 아닌 당신을 염려하신다는 이 엄연한 사실을 우리 다 같이 소리 높여 찬양해야 하지 않겠습니까?

눈 덮인 호수에서

-불가능은 그 자체에 가능성을 내재하고 있고,
불가능이 도리어 가능의 도구가 되어주기도 한다는 것입니다.
그리고 그 혹독한 추위가 단절의 호수를 소통의 길로 만드는 것과 같이
시련과 고통이 단절을 소통으로 가게하고
불가능을 가능으로 바꿀 수 있게 하는
하나님의 방법이라는 생각이 들었습니다.-

혹한으로 시동이 걸리지 않던 차의 배터리를 교체하고 팔당호를 찾았습니다. 팔당호가 곁에 있다는 것은 내겐 큰 축복이 아닐 수 없습니다. 그냥 떠나고 싶을 때, 기분전환이 필요하고 마음 둘 곳이 없을 때면 언제든지 찾을 수 있기 때문입니다. 지난 가을 이후 처음 찾은 팔당호는 거울 같은 호면(湖面)은 간 데 없고 흰 눈 쌓인 하얀 호수로 변해 있었습니다. 그것은 호수가 아니라 드넓은 설원 그 자체였습니다. 귀여리를 지나자 이 얼어붙은 하얀 호수 위를 두 사람이 걸어서 양수리 쪽으로 가고 있었습니다.

이 정겨운 모습을 지켜보다 겨울 호수는 발상의 전환 그 자체라는 생각이 들었습니다. 호수가 얼지 않았다면, 눈이 호면에 쌓이는 것과 장정(壯丁) 둘이 정답게 호면을 산책하는 것은 불가능합니다. 물은 눈을 녹여버리고, 나사렛 그 분이 아니시라면 베드로처럼 빠질 것이기 때문입니다. 그러나 호면이 얼어버리자 상상할 수 없는 일들이 일어났습니다. 호면에 눈이 쌓이고 그 호면을 장정 둘이 산보할 수 있게 되었기 때문입니다. 호수는 불가능과 가능을 동시에 가지고 있었던 것입니다.

우리는 불가능은 언제나 불가능이라고 체념해 버리는 경우가 많습니다. 그러나 호수가 얼면 물위에 눈이 쌓일 수 있을 뿐만 아니라 물위를 걸을 수 없는 불가능은 가능이 되고 걸을 수 있는 현실로 변합니다. 불가능은 그 자체에 가능성을 내재하고 있고, 불가능이 도리어 가능의 도구가 되어주기도 한다는 것입니다. 그리고 그 혹독한 추위가 단절의 호수를 소통의 길로 만드는 것과 같이 시련과 고통이 단절을 소통으로 가게하고 불가능을 가능으로 바꿀 수 있게 하는 하나님의 방법이라는 생각이 들었습니다. 이것이 홍해라는 죽음과 불가능을 길과 구원으로 바꾸게 한 것이며, 죽음을, 죽음을 죽이는 부활의 승리로 만드신 하나님의 방법이 아니겠습니까?

새해가 되고 첫 달이 다 가고 있는데 아직도 절망의 호반(湖畔) 저쪽에 앉아서 불가능만을 보고 새해의 꿈을 위한 도전에 착수하지 못하고 있는 것은 불행이 아닐 수 없습니다. 저는 믿음이야말로 발상의 전환이라고 믿습니다. 믿음은 없는 것을 있는 것과 같이 부르시고 죽은 자를 살리시는 이를 믿는 것이기 때문입니다.

지금 우리 앞에 가로 놓인 건널 수 없는 불가능이라는 깊은 호수는 그 자체가 얼어붙어 눈이 쌓인 호수가 되어 사람이 걸을 수 있게, 불가능을 가능으로 만드는 길이 된다는 사실에 주목하고 불가능에 대한 발상을 전환합시다. 그러면 당신은 불가능의 현상 속에 내재한 가능성을 보고 불사조와 같이 일어나게 될 것으로 믿습니다. 이것이 눈 덮인 겨울 호수와 그 위를 걷는 사람을 보며 제가 받은 영감(靈感)이었습니다.

한여름 밤의 달을 보며

-지금은 그 어느 때보다도 여름밤의 여유와 낭만을 회복할 때입니다.
여름의 낭만을 느끼는 것이 올 여름을 건강하고
행복하게 해줄 것이기 때문입니다.
무더운 여름에도 여름의 아름다움과 낭만을 느낄 줄 아는 사람이야말로
불같이 뜨거운 고난의 한가운데서도
인생의 여유를 가질 수 있을 줄로 믿습니다.
이것이 또한 우리의 영성을 가꾸는 길이기도 합니다.-

어제 밤 예배를 마치고 나서니 남쪽 하늘가에 떠있는 초승달이 눈에 들어왔습니다. 소란스런 대로를 건너 마치 성벽처럼 시야를 가로막은 고속도로 넘어 어둠 속에 검게 솟아오른 산봉우리 위로 도시의 불빛 어린 하늘에 뜬 달이 왠지 조금은 왜소해 보이기는 해도 한낮의 더위에 시달린 가슴에 서늘함을 가져왔습니다.

차 옆에 서서 잠깐 여름밤의 달을 올려보다가 「추구(推句)」에 있는 시 한 구절이 떠올랐습니다. "월위무병선, 성작절영주"(月

爲無柄扇, 星作絶纓珠) "달은 자루 없는 부채가 되고, 별은 끈 끊어져 흩어진 구슬이 되도다" 필자는 동몽선습(童蒙先習)으로 한문 공부를 시작했습니다만 「추구」는 천자문, 사자소학(四字小學)과 함께 아이들이 먼저 공부하는 저자를 알 수 없는 시문집(詩文集)입니다. 자연의 이치를 노래하는 것으로 시작하여 학문을 권하는 내용으로 구성된 책입니다. 이 「추구」의 시 한 구절을 떠올린 것은 이 시가 여름밤의 정경을 읊조린 것이기 때문입니다. 살펴보면 여름과 여름밤을 노래하는 시인은 흔하지 않습니다.

오곡백과 무르익고 낙엽이 지는 가을과 흰 눈 내리는 겨울 그리고 새 생명이 약동하는 꽃피는 봄이라는 계절은 시인들의 시정(詩情)을 자극하기에 모자람이 없고 적합하지만, 찌는 한여름의 무더위는 미처 시정을 느끼지 못하게 하기 때문일 것입니다.

그러나 곰곰이 생각해보면 여름은 가장 낭만적인 계절이며 가장 낭만적인 밤하늘이야말로 여름밤이 아니겠습니까? 대지를 달구던 태양이 서산 넘어 잠든 여름밤! 마당에 멍석을 펴고 누우면 개똥벌레 무리가 어둠 속을 꿈꾸듯 유영(遊泳)하고, 별똥별 부서져 내리는 깊고 푸른 밤하늘에 하얗게 흐르는 은하수를 중심으로 흩어진 구슬 같은 별 떨기를 보며 전설을 듣다 잠들어 가던 여름밤! 한낮의 더위로 구들장 같이 달구어진 냇가의 자갈밭에 모여앉아 자루 없는 부채 같이 시원해 보이는 백중(百中)의 둥근달을 보며 옥수수를 뜯으며 도란도란 하던 재미는 오직 여름밤에만 누릴 수 있는 행복일 것입니다.

현대문명은 이 아름다운 여름밤을 잃게 했고, 이 아름다운 여름의 행복을 모르게 만들어 버렸지만, 지금은 그 어느 때보다도 여름밤의 여유와 낭만을 회복할 때입니다. 여름의 낭만을 느끼는 것이 올 여름을 건강하고 행복하게 해줄 것이기 때문입니다. 무더운 여름에도 여름의 아름다움과 낭만을 느낄 줄 아는 사람이야말로 불같이 뜨거운 고난의 한가운데서도 인생의 여유를 가질 수 있을 줄로 믿습니다. 이것이 또한 우리의 영성을 가꾸는 길이기도 합니다. 각박한 마음에는 영성도 메마르기 십상이기 때문입니다.

금년 여름을 밤하늘에 반짝이는 별빛을 보며 하나님의 창조의 권능에 압도되어 시편을 기록한 시인처럼 한여름 밤의 서정으로 행복한 여름을 보내시고 하나님을 만나시기를 기대합니다.

비 내리는 들녘에서

-시인은 내리는 비를 보며 하나님의 은혜의 부요함까지 보았던 것입니다.
이것이 이번 내린 비의 경제적 혜택 외에 정서적 혜택이자
영적 혜택일 것입니다. 삶이 팍팍하고 우리를 힘들게 해도
하나님은 이런 방법으로도 우리를 소생케 하십니다.
삶이 무겁고 짜증나신다면 한번 비 오는 날
낙수(落水) 소리에 귀를 기울여 보시고 너른 들판에 나가 서보십시오.
그리고 내리는 빗줄기에 마음과 영혼을 촉촉이 젖도록 합시다.-

한여름 들녘에 비 내리는 풍경은 시골 여름 풍경 중에서도 으뜸가는 정경(情景)이 아닐까 생각합니다. '관동팔경' 이니 하는 따위를 모방하여 지역마다 무슨 팔경이니 승경이니 하는 이름을 붙인 경치가 있기 마련입니다. "완산승경"(完山勝景) 중에 "삼천세우"(三川細雨)리는 것이 있듯이, "무슨 정자에서 무슨 들판에 세우(細雨) 내리는 정경"은 한 둘이 아니라 여러 곳인 듯합니다. 그런 것을 보면 여름날 들녘에 비 내리는 정경이 시골 여름 정경 중 으뜸이라는 것은 나만의 평가는 아닌 듯합니다.

　　한여름에 내리는 비는 우선 더위를 식혀 서늘하게 해서 좋을 뿐더러 비 내리는 풍경도 내리는 비에 따라 각기 다른 멋과 운치(韻致)가 있지요. 갑자기 몰려온 시커먼 구름에서 장대같이 쏟아지는 소낙비는 시원하고 장쾌한 멋이 있고, 남쪽하늘에 비구름이 모이다가 마치 쳐들어오는 군대와 같이 몰려들어오는 비는 그 기세가 볼 만하고, 이때 멀리서 바람에 흔들리는 하얀 빗줄기는 마치 빨랫줄에 걸린 흰 비단결이 흔들리는 듯합니다. 부슬부슬 소리 없이 풀잎에 맺히는 이슬비는 정겨워서 좋습니다. 물론 비 오는 날 마루에 나앉아 처마에서 떨어지는 낙수 소리를 듣는 것도 좋습니다.

　　저는 고향집 마루에 앉아서 바람에 흔들리며 하얗게 쳐들어오며 들판에 쏟아지는 빗줄기를 보는 것이 좋았습니다. 고향집은 마을에서 가장 높은 곳에 있어서 마을 사람들은 ‘날망집’이라고 불렀습니다. 모든 마을을 굽어보는 그 날망집 마루에 나앉아 봄날이면 봄바람이 보리밭에 굼실굼실 물결을 일게 하며 지나는 정경이나, 여름 날 남쪽 먼 산에 하얗게 드리운 비가 들판을 가로질러와 바람에 흔들리며 하염없이 쏟아지는 비를 지켜보던 정취(情趣)가 어린 제 서정을 한껏 자극한 것 같습니다.

지난 목요일 하루 종일 내리는 비 소리에 고향에서의 이 정취
가 그리워 홍천 쪽으로 나가 보았습니다. 차 안에서 차장을 스치
는 비 내리는 너른 벌판을 보니 가슴이 시원해지고 머리가 맑아
짐을 느낄 수 있었습니다. 비 내리는 한적한 시골길에 차를 세우
고 흔들리는 빗줄기와 그 비바람에 푸른 벼들이 물결치듯 흔들
리는 들판을 한참 넋을 놓고 지켜보다 문득 내게 이 나이에도 소
년시절의 감성(感性)이 살아있다는 사실을 깨달았습니다. 참 험
악한 세월을 살아온 내가 아직도 소년의 감성을 잃지 않았다는
게 새삼스럽고 신기하기까지 했습니다.

이번 비로 백 몇 년 만의 가뭄은 일거에 해소되고 대지는 생
기가 넘치고 있습니다. 이를 두고 성경의 시인은 이렇게 읊었습
니다. "땅을 돌보사 물을 대어 심히 윤택하게 하시며 하나님의
강에 물이 가득하게 하시고 이같이 땅을 예비하신 후에 그들에
게 곡식을 주시나이다 주께서 밭고랑에 물을 넉넉히 대사 그 이
랑을 평평하게 하시며 또 단비로 부드럽게 하시고 그 싹에 복을
주시나이다 주의 은택으로 한 해를 관 씌우시니 주의 길에는 기
름방울이 떨어지며 들의 초장에도 떨어지니 작은 산들이 기쁨
으로 띠를 띠었나이다" (시 65:9-13).

시인은 비를 보며 하나님의 은혜의 부요함까지 보았던 것입니다. 이것이 이번 내린 비의 경제적 혜택 외의 정서적 혜택이자 영적 혜택일 것입니다.

삶이 팍팍하고 우리를 힘들게 해도 하나님은 이런 방법으로도 우리를 소생케 하십니다. 삶이 무겁고 짜증나신다면 한번 비 오는 날 낙수 소리에 귀를 기울여 보시고 너른 들판에 나가 서보십시오. 그리고 내리는 빗줄기에 마음과 영혼을 촉촉이 젖도록 합시다. 그리하여 장대 같이 내리는 비를 맞으며 병거 앞을 달리던 엘리야와 같은 소생을 경험하는 건강한 여름이 되도록 해봅시다. 그렇게 돈도 드는 일도 아닌데 다들 한번 해보지 않겠습니까?

폭염에 개망초 꽃을 보며

-혹시 삶에 지치셨습니까? 그래서 풍우가 몰아치는 고달프고
냉혹한 현실로 나가기 망설여지십니까?
그렇다면 지금 밖으로 나가서서 저 불볕 속에서도
생생하게 꽃을 피우는 개망초(開望草) 꽃을 보십시오.
그리고 開望草 꽃, 곧 희망을 열어주는 꽃에서
세상과 맞설 용기를 얻으시고 소망으로 생생하게 살아 나오셔서,
폭염 속의 개망초보다 더 찬란하게
삶과 희망의 꽃을 피워보지 않으시겠습니까?-

복 더위가 대지를 달구는 때이지만 지금 야외로 나가면 지천
으로 개망초 꽃이 한창입니다. 도로변이든 들판이든 가리지 않
고 자라서 그 어디나 지천인 잡초이지만, 그 꽃만은 그 어느 꽃
에 견주어도 지지 않을 앙증맞고 사랑스런 국화과의 들꽃입니
다. 장소를 가리지 않고 어느 곳에서나 잘 자라지만 특히 강변과
제방, 그리고 철도와 도로의 둑과 같이 새로 축조(築造)된 땅에
는 영락없이 자리를 잡고 자생하고 있습니다. 산업화 되고 근래
에 와서 휴경지가 들어가는데 여행하다 보면 이런 묵밭이 온통
개망초 꽃으로 장관을 이루고 있는 것을 볼 수 있습니다. 이것은

비어 있는 땅이면 어느 땅이든 금방 자기 영토로 삼아버리는 이 개망초의 대단한 적응성과 번식력을 과시하고 있는 셈입니다.

북아메리카가 원산인 이 식물이 우리 한반도에 들어온 것은 조선의 망국과 그 궤를 함께 합니다. 경인선과 경부선 철도를 부설할 때 침목에 씨가 묻혀 들어왔다는 설이 있는데, 이 설은 처음 경인선 부설권을 미국인이 취득했다는 사실과 일본이 대륙 침략의 거점으로 철도를 개설하며 일본에서 침목을 들여왔다는 사실로 보아 타당성을 가집니다. 제가 나이 많은 노인에게 들은 이야기는 일제가 철도를 내고 한국의 강에 근대적인 제방을 축조할 때 사방사업(砂方事業)으로 이 망초의 씨를 뿌렸다는 이야기를 들은 적이 있는데, 단기간에 이 식물이 한반도를 덮은 걸로 보면 이도 일리 있는 이야기입니다.

어찌 되었든 나라가 망하고 일제가 들어서면 철도변과 신작로, 그리고 제방에서 하얗게 피어나기 시작한 이 낯선 꽃은 우리 조상들의 눈에 상서로울 수 없고 도리어 불길함을 느끼게 했겠지요? 게다가 농경지까지 가리지 않고 마구 침범하는 이 식물이 달가울 리가 없었을 것입니다. 그래서 망국의 꽃, 일본사람이 조선 땅을 망치려고 들여온 풀이라는 풍설이 잃을 망(亡)자를 붙여 "망초(亡草)"라는 다분히 험한 이름을 이 잡초에 붙였고, 또 이

망초와는 꽃이 다른 망초를 구별하려고 개, 가짜, 질이 떨어짐, 야생 등을 의미하는 순 우리말인 '개'의 한자음 끼울 개(介)자를 써서 개망초(介亡草)라고 불렀다지요?

　이제 이 개망초(介亡草)라는 한 맺힌 이름을 개망초(開望草) 로 개명해 주면 어떨까 제안해 봅니다. 왜냐하면 이 식물이 이제 는 토종보다 더 친근하고 더 토종 같이 되었을 뿐만 아니라, 봄 에는 나물로, 여름에는 꽃으로 이 땅의 사람들에게 기쁨을 주고 있기 때문입니다. 무엇보다도 이 개망초는 복음과 복음의 능력 이 나타나는 그리스도인과 닮았다고 생각합니다. 복음은 이 망 초와 같이 장소를 가리지 않습니다. 복음은 일단 전파되면 모든 토종을 능가하는 생명력으로 사람들에게 생명과 소망을 주며 모든 영역을 하나님 나라의 영역으로 만들기 때문입니다.

　그러므로 [亡草]를 [望草]로, [介亡草]를 희망을 열어주는 [開望 草]로 개명할 것을 제안합니다. 현대 그리스도인은 이 개망초의 생명력과 기개가 요구됩니다. 개망초와 같은 복음의 확장성과 삶의 기개를 상실해가고 있기 때문입니다. 우리 기독교인들은 망초와 같이 지구상 어느 곳이든 하나님의 나라의 영역을 만드 는 능력을 회복해야 하겠습니다.

그리고 혹시 더위에 지쳤거나 삶에 지치셨습니까? 그래서 풍우가 몰아치는 고달프고 냉혹한 현실로 나가기 망설여지십니까? 그렇다면 지금 밖으로 나가셔서 저 불볕 속에서도 생생하게 꽃을 피우는 개망초(開望草) 꽃을 보십시오. 그리고 開望草 꽃, 곧 희망을 열어주는 꽃에서 세상과 맞설 용기를 얻으시고 소망으로 생생하게 살아 나오셔서, 폭염 속의 개망초보다 더 찬란하게 삶과 희망의 꽃을 피워보지 않으시겠습니까?

가을을 담은 국화차 두고

-우리 그리스도인들이야말로 이 산국과 같다고 믿습니다.
찬 서리를 맞고 피어나고 서리를 맞은 국화라야 약이 되는 점도 그렇고,
뜨거운 찻물 속에서 다시 피어나는 것도
환난의 도가니에서 선택을 받고 환난을 통해서 천국에 이르며,
죽어도 다시 사는 우리 기독자(基督者)와 닮았다고 생각합니다.-

요즘 저는 전에 없던 뜻밖의 호사(豪奢)를 누리고 있습니다. 그 호사란 다름 아닌 향기로운 국화차(菊花茶)를 마시고 있는 중이기 때문입니다. 국화차는 향이 그윽할 뿐만 아니라 두통이나 혈압과 심장에도 좋고 아토피에도 효능이 있다고 합니다. 이렇게 좋은 국화차를 처음 접한 때는 대만에 갔을 적입니다. 차를 파는 가게에서 국화차를 시음한 것이 국화차에 대한 전부였습니다. 참으로 향이 그윽한 차였습니다. 물론 비쌌습니다. 이런 국화차를 항용(恒用)하게 되었으니 호사가 아니겠습니까?

지난 주간 하도 좋은 가을 날씨에 홀려 내외간에 홀연히 길을 떠났습니다. 무작정 떠난 길이라 안면도를 가려다 가까운 충주

호 쪽으로 방향을 잡았습니다. 이쪽으로 방향을 잡은 것은 지금 그 쪽이 참 좋을 때이기 때문입니다. 제 예상대로 수안보를 지나 송계 쪽으로 접어들자, 조붓한 도로변에 줄지어 이어지는 사과밭에 주렁주렁 매달린 빨간 사과들이 따사로운 가을볕에 탐스럽게 익어가고 있었습니다. 물들어 가는 월악산 기슭의 사과밭은 가을의 정취를 만끽하게 해 주었습니다.

이 아름다운 풍광에 끌려 한 사과 과수원길 입구에 차를 대고 사진 몇 장을 찍고 돌아서려고 하는데 노란 들국화 한 떨기가 제 눈에 들어왔습니다. 정확히는 산국(山菊)이라고 불리는 들국화인데 이 산국을 보자 국화 베개 생각이 들어 한 묶음을 꺾었습니다. 그리고 월악산의 고요한 계곡에서 잠시 쉬다 단양 방향으로 산을 넘는데, 산 중턱의 한 곳에 온통 노란 산국 밭이 눈에 들어왔습니다. 여기서 꺾어온 산국을 말리려다가 문득 국화차 생각이 들어서 국화차를 만들어보았던 것입니다.

처음 차를 만들어 뜨거운 물에 몇 송이를 넣고 우려내자 찻잔 속에서 다시 국화가 노랗게 피어나며 그 특유의 향기가 그윽했습니다. 바짝 마른 국화가 찻잔 속에서 다시 피어나는 것이 참 신기했습니다. 이걸 보며 왜 옛적의 선비들이 국화차를 즐겼는지 알 듯했습니다. 찬 서리를 맞으며 피는 국화, 그 절개(節槪) 높은 국화는 꺾여서도 찻잔 속에서 다시 살아나는 기개(氣槪)에서 선비들은 선비로서의 기개를 느끼지 않았나 싶습니다.

저는 우리 그리스도인들이야말로 이 산국과 같다고 믿습니다. 찬 서리를 맞고 피어나고 서리를 맞은 국화라야 약이 되는 점도 그렇고, 뜨거운 찻물 속에서 다시 피어나는 것도 환난의 도가니에서 선택을 받고 환난을 통해서 천국에 이르며, 죽어도 다시 사는 우리 기독자(基督者)와 닮았다고 생각합니다.

지금 노트북 옆의 찻잔 속의 국화가 노랗게 피어있습니다. 이제 한 겨울에도 제 찻잔 속에서 여전히 싱싱하게 다시 피는 국화를 볼 것입니다. 저는 저를 비롯해서 우리 성도들이 이 국화와 같이 그리스도인의 기개가 살아있기를 희망합니다.

파란 차를 보내며

-생각이 여기에 이르자 문득 가슴이 차오르고 눈시울이 젖어듭니다.
환난 날에 이런 위로를 주신 주님이 참 고맙습니다.
"그의 노염은 잠깐이요 그의 은총은 평생이로다
저녁에는 울음이 깃들일지라도 아침에는 기쁨이 오리로다" (시 30:5),
"하나님은 우리의 피난처시요 힘이시니 환난 중에 만날 큰 도움이시라" (시 46:1).-

지난 월요일 파란 차가 최 목사님 네로 갔습니다. 최 목사님 네가 타던 차를 폐차하고 다른 차를 구입할 형편이 못 되었기에 드리기로 한 것입니다. 노후차(老朽車)를 주는 것이 미안해서 엔진 오일도 갈고 기름도 채워두었다가 가져가도록 했습니다. 마음 같아서는 금이 간 앞 유리도 바꿔 드리고 싶었지만, 우리도 넉넉한 형편은 아니라서 그렇게까지는 하지 못했습니다.

점심을 같이 하고 담소하다 이전등록에 필요한 서류를 챙겨 드리고 주의할 사항을 재차 일러 준 후에 가시도록 했습니다. 최 목사님 내외가 파란 차를 끌고 떠난 후에, 그 동안 그 차를 세워

두었던 빈자리를 보자 조금 서운한 생각이 들며 지난 세월이 주마등같이 스쳐갔습니다. 돌아보면 이 파란 프레지오는 그동안 우리교회의 환난의 세월을 오롯이 함께해 온 차입니다.

이 파란 차가 제게 올 때는 환난의 태풍이 우리 교회에 한창 몰아치고 있을 때였습니다. 그 와중에 신차로 구입한 베스타가 5년 만엔가 폐차를 하게 되어 자전거를 타는 형편이 되었습니다. 지금도 그때 한 여 집사가 그 환난의 와중에도 건축 중이던 새 성전 현장에 가려고 작업복을 입고 자전거로 힘겹게 오르막 길을 가는 제 모습이 구차해 보였던지, 길 건거 편에서 이마를 찌푸리고 혀를 차며 가던 모습이 눈에 선합니다. 그런 참에 서울 친구목사가 교인이 타던 프린스를 얻어주었는데, 비싼 휘발유 값을 댈 수가 없어 번번이 앵꼬를 당하는 고초를 겪고 있었습니다. 그 참에 온 차가 이 파란 차였습니다. 개발(開發)로 토지보상을 받은 집사님이 감사헌금조로 이, 중고 프레지오를 봉헌하셨던 것입니다.

이 차가 처음 왔을 때가 초겨울이었는데, 이, 중고 프레지오는 시동을 걸면 하얀 연기가 마치 굴뚝처럼 뭉게뭉게 피어나왔습니다. 교회가 대로변이라서 이 모습을 행인들이 쳐다보는 게 여간 민망한 게 아니었습니다. 그렇게 그해 겨울을 보내고 연료 분사장치를 수리하는 것으로 시작하여 이것, 저것을 고치고 교환하다 보니 결국 수리비가 중고차 값만큼은 들어갔을 것이지만, 차는 올 때보다 더 좋아져서 지금 여기까지 함께 왔던 것입니다.

그러니 이 파란 차는 저의 환난의 세월을 오롯이 함께 하면서 제 발이 되어준 차입니다. 이 파란 차는 그동안 고난과 수욕의 현장은 물론 즐거웠던 자리와 공적인 자리에까지 안 간 데가 없습니다. 한번은 양평에서 하는 노회 체육대회에 가다가 그만 차가 멈춰버렸습니다. 이것을 보고 환난의 때에 흔들리는 울타리 같은 저를 넘어뜨리려고 했던 목사는 "가난이 흐르는구나!"라고 조소하셨습니다. 노회장 때는 이 파란 차를 끌고 큰 교회 임직식에 갔더니 이 중고차가 볼썽사나워 보였던지 대형 승용차를 타고 온 목사님이 당신 차로 올 걸 그랬다며 민망해 하던 모습이 지금도 눈에 선합니다.

그러므로 이 파란 차는 제게 가장 고마운 차이며 가장 오래 탄 차이기도 하며 즐거운 추억도 많은 차입니다. 이 차를 소재로 쓴 글도 몇 편 있습니다. 이렇게 고난의 세월을 함께 한 동지(同志)

같은 사연 많은 차가 그때 저처럼 막막한 목사에게 갔으니 참으로 감사한 일이지요. 제가 이 파란 차와 함께 환난을 승리한 것과 같이 이 파란 차가 그 목사님에게도 유용하게 되고 어려운 시절을 극복하는 축복이 되기를 원합니다.

그리고 환난의 한 가운데 있던 저를 위하여 비록 중고이지만 이 파란 차를 드린 집사님이 그립습니다. 그 분들이 잘되기를 간절히 기도합니다. 생각이 여기에 이르자 문득 가슴이 차오르고 눈시울이 젖어듭니다. 환난 날에 이런 위로를 주신 주님이 참 고맙습니다.

"그의 노염은 잠깐이요 그의 은총은 평생이로다 저녁에는 울음이 깃들일지라도 아침에는 기쁨이 오리로다"(시 30:5), "하나님은 우리의 피난처시요 힘이시니 환난 중에 만날 큰 도움이시라"(시 46:1). 그렇습니다. 이제 기쁨의 아침이 왔습니다. 그리고 그 아픈 고난과 상처도 이제는 웃으며 말할 수 있게 되었습니다.

어려우십니까? 저와 함께 위로의 주님을 바라봅시다. 주님은 모든 환난에서 우리를 위로하시는 위로의 하나님이시며, 그 위로로 모든 환난 중에 있는 자들을 능히 위로하게 하시는 분이시기 때문입니다. 이 위로의 주님이 눈물을 거두시고 웃게 하실 날

을 오게 하시지 않겠습니까? 저는 이렇게 우리교회가 환난을 알
고 환난을 위로할 위로가 있는 교회가 되게 한 것을 감사드리고
있습니다(고후 1:3-11).

환난을 위로할 능력! 이것이 큰 환난을 통해서 주님이 축적해
주신 우리교회의 가장 크고도 보배로운 자산입니다.

비설거지

-공부와 재능을 닦아두고 보험을 들어두는 것도 좋을 것입니다.
그러나 가장 지혜로운 인생의 비설거지는 영원을 위해
예수를 모셔두는 일과 내 마음의 마당을 깔끔히 정리해 두는 것은 아닐까요?
그분이 언제 오셔도 그리고 나 자신이 언제 가도 좋도록 말입니다.-

고향을 떠난 이후로 타관살이를 하면서도 지금까지 예측이 안 되는 것은 비가 들어오는 방향입니다. 경기도와 서울, 그리고 서울과 경기도를 오가며 살면서 이 점이 의아했습니다. 비 들어오는 방향을 알 수 없는 것이 의아한 것은 어릴 적 고향과 반대되기 때문입니다. 어릴 적 제 기억은 비가 들어오는 방향은 언제나 남쪽이었기 때문입니다.

고향 마을은 마치 삼태기처럼 산에 아늑하게 둘러싸여 남향(南向)으로 열려있습니다. 여름날 시커먼 소나기구름이 몰려들면 그 남쪽 아득히 질마재 너머에 삼각으로 솟은 백마산에 마치 흰 휘장이 드리우듯 뽀얗게 빗발이 드리웁니다. 그리고 바람에 흔들리며 재를 넘고 들판을 건너 쳐들어오다 몇 분 후엔 '후둑!
후두둑!' 마당에 흙먼지를 일으키며 비가 들이치다 마침내 줄기
찬 소나기가 장대처럼 쏟아졌습니다.

보리타작이나 밀 타작을 하던 여름날 백마산에 소창빨래처
럼 흰 빗줄기가 서는 것을 보면 서둘러 타작마당을 정리합니다.
알곡을 담아 들이고 나뭇간에 타작 못한 곡식단과 보리짚단을
들어놓습니다. 이 작업을 거의 마칠 때쯤이면 마당에 비가 쏟아
졌지요. 이렇게 비가 들어오는 것을 보며 마당에 넌 곡식을 치우
거나 장독대를 닫고 빨래를 걷어 들이는 비설거지를 했고, 밖에
서 놀던 아이들도 비를 피해 집으로 들어올 수 있었습니다.

고향집 마루에서 기둥에 기대앉아 백마산 쪽에서부터 바람
에 빨래자락 흔들리듯 비가 들어오는 것을 보던 기억은 소년의
마음에 깊은 인상을 심어주었습니다. 한번은 고향집 사랑방에
더부살이하시며 한약방을 경영하며 한문을 가르치시는 의원에
게 한문을 배울 때, 비 우(雨)자를 운으로 한시를 짓게 했습니다.
그때 저는 이 광경을 생각하며 "비가 소창 빨래처럼 바람에 흔
들거리며 남쪽 산에 걸려있다"고 읊었던 것 같은데, 선생은 이
를 보고 대단히 기뻐하시며 글 잘한다며 칭찬하셨습니다. 아무

튼 그런 풍경이 어린 제게 서정을 키워주었던 것 같습니다.

타향에 살면서 예측 못하는 것은 비 들어오는 방향만이 아닙니다. 지금은 일기예보에 젖어 살다보니 하루 천기(天氣)를 보던 시골사람 감각도 잃어버린 것 같습니다. 이러다가 인생의 비설거지를 할 수 있는 감각을 잃지는 않을까 걱정되기도 합니다. 소나기 들어오는 방향은 알 수 있지만 인생의 소나기야 예측 불허이기 때문입니다.

그러므로 인생의 비설거지는 미리 해두어야 합니다. 공부와 재능을 닦아두고 보험을 들어두는 것도 좋을 것입니다. 그러나 가장 지혜로운 인생의 비설거지는 영원을 위해 예수를 모셔두는 일과 내 마음의 마당을 깔끔히 정리해 두는 것은 아닐까요? 그분이 언제 오셔도 그리고 나 자신이 언제 가도 좋도록 말입니다.

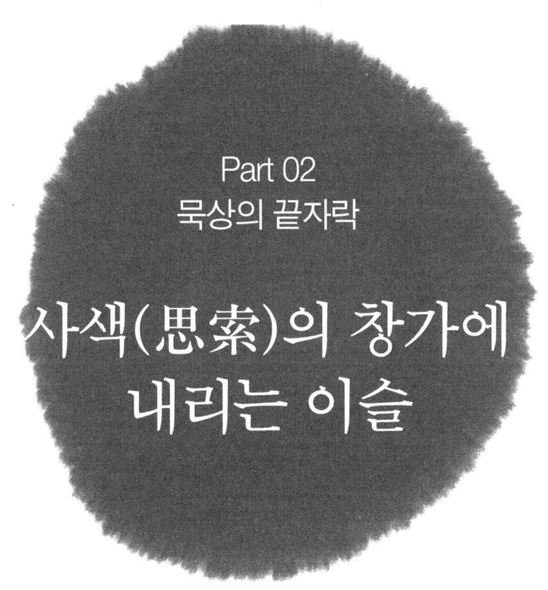

"이웃의 불행을 외면하는 것은 내 행복의 농장의 경쟁력을 키우는 것이 아니라
도리어 내 행복의 농장 수확량을 감소시킵니다.
그러므로 내 행복 농장의 경쟁력은
나의 행복을 나누는 감사에 있음을 알아야 합니다.
내 행복을 나누는 것은 결코 손해가 아니라 경쟁력을 올려주는 소득입니다."

- 본문 중에서 -

마이클 잭슨의 슈퍼 박테리아

-우리는 슈퍼 박테리아가 아니라 이 마음속의 죄라는
슈퍼 박테리아를 두려워해야 합니다.
슈퍼 박테리아를 잡을 항생제는 없지만 감사하게도
죄라는 슈퍼 박테리아를 잡는 항생제는 있습니다.
그것이 바로 예수님의 십자가의 피입니다.-

슈퍼 박테리아는 현대의학의 부산물일 것입니다. 현대는 항생제(抗生劑)가 그 어느 때보다 발전했고 많이 사용되고 있습니다. 이렇게 항생제가 많아지고 남용되다 보니 항생제에 내성(耐性)을 가진 박테리아가 생겨났습니다. 일본에서 처음 발견된 이 박테리아는 어떤 항생제에도 내성을 가지고 있기 때문에 일단 감염되면 어떤 항생제를 써도 소용이 없습니다. 슈퍼 박테리아는 감염된 부분에서 시작하여 전체로 번져 나가 살을 파먹어 마침내 죽음에 이르게 합니다. 그래서 이 박테리아를 '슈퍼' 박테리아(super bacterium)라고 부르게 된 것입니다.

한때 전 세계 젊은이들의 우상이었던 가수 마이클 잭슨의

코에 이 슈퍼 박테리아가 감염되었다고 합니다. 마이클 잭슨이 슈퍼 박테리아에 감염된 것은 그의 잦은 성형수술 때문이라고 합니다. 그는 자기를 더 여성적이며 중성적인 외모로 만들기 위하여 여러 번의 성형수술을 반복하다가 이 무서운 슈퍼 박테리아에 감염되는 불행을 당하고 만 것입니다. 이 무서운 박테리아는 성형수술이나 외과 수술, 그리고 손에 묻은 박테리아에 의하여 감염될 수 있다고 합니다. 현재 한국에도 200여 명이 이 박테리아에 감염되어 죽어 가고 있다고 합니다.

팝의 황제로 젊은이들의 우상이었던 마이클 잭슨이 왜 이 무서운 슈퍼 박테리아에 걸리게 된 것일까요? 그것은 자신을 더욱 중성적으로 만들어 성적으로 어필하려고 했던 그의 욕망 때문일 것입니다. 결국 마이클 잭슨을 죽음에 이르게 한 것은 슈퍼 박테리아가 아닌 그 마음의 욕망이라는 슈퍼 박테리아일 것입니다.

우리는 그의 욕망의 도덕성을 따지기보다는 지금 우리시대에 팽배한 외모지상주의와 그것이 가져오는 폐해들을 걱정해야 할 것입니다. 외모지상주의는 생산성을 떨어지게 할 뿐만 아니라 성(性)을 우상화하는 무서운 결과에 도달하게 하는 것입니다. 외모를 중시하는 시대가 성적으로 타락했었다는 것은 역사의 증언입니다. 성을 숭배하고 남용하는 박테리아는 그 어떤 항생제로도 막을 길이 없는 슈퍼 박테리아입니다.

그러므로 우리는 슈퍼 박테리아가 아니라 이 마음속의 죄라는 슈퍼 박테리아를 두려워해야 합니다. 슈퍼 박테리아를 잡을 항생제는 없지만 감사하게도 죄라는 슈퍼 박테리아를 잡는 항생제는 있습니다. 그것이 바로 예수님의 십자가의 피입니다. 예수님의 피는 그 어떤 죄에도 효과적입니다. 예수님의 피로 죽지 않는 죄는 없습니다.

믿음은 이 예수의 피로 죄를 죽이는 것입니다. 주님은 슈퍼 박테리아보다 사람의 마음의 죄를 더 염려하십니다. 그래서 자기 피로 죄를 죽여 주셨습니다. 그러므로 믿음은 이 죄를 무서워하고 예수의 피로 이 죄를 죽이는 것입니다. 이 죄를 죽이는 믿음이 영혼을 구원할 뿐만 아니라 마이클 잭슨을 죽음에 이르게 한 슈퍼 박테리아에서도 자신을 지키는 길임을 확신합니다. 믿음은 죄를 죽이고 경건에 이르게 하고 경건은 건강의 지름길이기 때문입니다.

벤저민 프랭클린의 비결

-그러므로 부활은 삶이 어렵고 소망이 보이지 않는다고
하루에 30명 이상이 자살하는 우리 한국사회의 빛이요 소망입니다.
죽어도 사는, 그래서 죽을 자가 아닌 살 자로 살아가는 능력이
부활의 소망이며 부활의 능력이기 때문입니다.-

벤저민 프랭클린(Benjamin Franklin, 1706-1790)은 미국의 '건국의 아버지'(Founding Fathers) 중 한 명이자 미국의 독립선언서를 작성한 초대 정치인 중 한 명입니다. 그는 특별한 공식적 지위에 오르지는 않았지만 프랑스 군과의 동맹에 있어서 중요한 역할을 해, 미국 독립에 중추적인 역할을 했습니다. 인쇄 견습공으로 시작한 그는 유명한 출판업자, 자연과학자, 문필가, 정치가와 외교관으로 미국의 정신적 지도를 형성한 인물이라고 평가하고 있습니다. 그래서 미국인들은 100달러 화폐에 그의 초상을 실어 존경을 표하고 있습니다. 미국의 달러화 인물 중 대통령이 아닌 인물은 10달러에 실린 알렉산더 해밀턴과 벤저민 프랭클린 두 명뿐입니다.

이 저명한 그리스도인이 죽음을 앞두었을 때, 그는 자신의 묘비명(墓碑銘)을 다음과 같이 새기라는 유언을 남겼습니다.

"인쇄업자 벤저민 프랭클린의 육체는 마치 낡아빠진 한 권의 책처럼 이곳에 놓여 있다. 책갈피는 다 떨어져 나가고, 겉장의 금박은 색이 바란 채 좀도 먹었다. 하지만 이 작품이 절대로 절판되지 않고 오히려 저작자에 의하여 재판(再版)으로, 새롭고 아름다운 증보판(增補版)으로 나오게 될 것임을 기원하노라."

이 프랭클린의 묘비명은 가난으로 일 년 만에 학교를 그만 두고 견습 인쇄공으로 사회생활을 시작한 그가 건국의 아버지로 불리는 인물로 설 수 있게 한 동력이 무엇인지를 엿볼 수 있게 합니다. 아마도 그것은 그의 묘비명에서 고백하고 있는 부활의 소망과 능력일 것입니다. 죽어도 살고 더 새롭고 아름답게 살아나올 사람이 능치 못할 것이 무엇이겠습니까? 이 부활의 능력이 바람 앞에 촛불과 같던 기독교를 오늘의 기독교가 되도록 했다는 것이 사도행전과 교회사의 증언이 아닙니까?

그러므로 부활은 삶이 어렵고 소망이 보이지 않는다고 하루에 30명 이상이 자살하는 우리 한국사회의 빛이요 소망입니다. 죽어도 사는, 그래서 죽을 자가 아닌 살 자로 살아가는 능력이 부활의 소망이며 부활의 능력이기 때문입니다.

천안함의 비보 속에서 맞는 금년 부활절에 이 부활의 소망과 능력이 삶의 소망을 잃어가는 이들과 우리 모두에게 임하고 전파되며 나타나기를 기도합니다.

"나는 부활이요 생명이니 나를 믿는 자는 죽어도 살겠고 무릇 살아서 나를 믿는 자는 영원히 죽지 아니하리니 이것을 네가 믿느냐"(요 11:25, 26).

불조심

-하나님께서는 이 불보다 더 조심하고 염려해야
할 것이 있다고 말씀하십니다. 그것이 우리의 혀입니다.
혀는 인격과 영과 삶을 모두 태우는 무서운 해독입니다.
그래서 하나님은 불보다 당신의 혀를 더 염려하십니다.-

남대문시장에 큰 불이 나서 연말연시 대목을 위해 준비해
둔 많은 의류들이 잿더미가 되었습니다. 이런 재난은 당사
자인 상인(商人)들뿐만이 아니라 사실상 국가적인 손실이
아닐 수 없는 것입니다. 인류가 불을 사용하게 된 후로 불은
인류의 문명을 현대에 이르기까지도 획기적으로 진보시키
고 있지만, 동시에 불을 가까이 하는 한, 크고 작은 화재는
결코 끊이지 않을 것입니다. 인류에 가장 요긴한 것이 재앙
이 되기도 한다는 것이 아일러니 이기도 하지만 역사에 기
록되어 있는 대화재도 많습니다. 멀리는 우리 기독교인을
속죄양으로 만들었던 저 네로의 로마의 대화재도 있고, 시
카고의 대화재도 있습니다.

그렇지만 아무리 대화재라고 해도 그 처음은 큰 불이 아니라 아주 작은 불에서 시작됩니다. 제가 어릴 때에 아이들이 성냥을 가지고 장난하다가 초가삼간을 순식간에 잿더미로 만든 것을 본 적이 있습니다. 그리고 화재는 늦가을에서부터 초봄까지에 많이 발생합니다. 적어도 "방화관리사 자격증"을 가진 내가 화재원인을 화학공식이 아닌 이런 식으로 설명하는 것은 우습지만, 이 계절이 불붙기에 가장 좋은 조건을 갖추고 있습니다. 그러므로 이때는 더욱 불조심을 해야만 불행한 사태를 예방할 수 있습니다.

그러나 하나님께서는 이 불보다 더 조심하고 염려해야 할 것이 있다고 말씀하십니다. 그것이 우리의 혀입니다. 혀는 우리 지체 중에 가장 작고 약한 것 중에 하나입니다. 그렇지만 작은 키로 큰 배를 조종하고 작은 불이 온 산을 태우듯이, 혀는 온 몸을 더럽히고 생애를 불사르는 것입니다. 불은 물질적인 것만 태우지만, 혀는 인격과 영과 삶을 모두 태우는 무서운 불입니다. 무엇보다도 입 속에 있는 불은 하나님의 공동체에는 가장 치명적인 불입니다. 다베라에 있을 때에 이스라엘 백성들이 악한 말로 원망하자 이스라엘 진에 불이 붙은 것은 참 상징적인 사건입니다(민 11:1). 그래서 하나님은 불보다 당신의 혀를 더 염려하십니다.

"혀는 곧 불이요 불의의 세계라 혀는 우리 지체 중에서 온 몸을 더럽히고 삶의 수레바퀴를 불사르나니"(약 3:6).

육체의 모든 상처는 치료되고 보상이 가능하지만, 혀의 해독(害毒)은 치료나 보상이 불가능합니다. 불이 잦은 계절입니다. 당신의 생애와 공동체를 태워버리지 않도록 당신의 입 속에 있는 불조심 하십시오!

가장 위대한 자산

-재벌이 아들에게 줄 수 있는 것이 아들 대신 때려줄 수 있는
재력과 권력뿐이라면 서글픈 일입니다.
우리가 자녀들에게 그런 재력이나 권력을 줄 수 없을지라도
루즈벨트의 아버지 같이 전적인 신뢰와 믿음을 심어주며,
믿음으로 자녀를 격려할 수 있습니다.-

한 아이가 1858년 뉴욕의 어느 가정에 태어났습니다. 그
아이는 지독한 근시였습니다. 게다가 천식이 심하여 앞에
있는 촛불을 끌만한 힘도 없을 정도의 호흡곤란을 가지고
있었습니다. 그런 그가 가까스로 생명을 연장하여 그 나이
열한 살이 되던 날, 아버지는 살아남을 지도 알 수 없는 아이
에게 이런 말을 해주었습니다.

"아들아, 네가 가진 장애는 장애가 아니란다. 네가 만약
전능하신 하나님을 참으로 신뢰하고 믿는다면, 그리고 하나
님의 도우심이 너와 함께 한다면, 오히려 너의 장애 때문에

모든 사람이 너를 주목할 것이고, 너는 진실로 역사에 신화와 같은 기적을 남기는 놀라운 삶을 살 수 있단다."

그로부터 12년이 지나자 그는 뉴욕의 의원이 되었고, 28세에 뉴욕시장에 출마합니다. 그 후에 뉴욕 주지사가 되고, 부통령을 거쳐 미국역사의 가장 어두웠던 시절에 미국의 신화를 재건하는 위대한 대통령이 됩니다. 그리고 1906년에는 노벨 평화상을 수상합니다. 데오도로 루즈벨트(Theodore Roosevelt, 1858-1919)가 바로 그 사람입니다.

아버지의 믿음의 격려는 그 부실하기 짝이 없는 장애아를 그렇게 위대한 거인으로 설 수 있게 했던 것입니다. 소아마비 아들 안에 믿음을 심은 것이 루즈벨트의 가장 위대한 자산이 된 것입니다.

한 재벌 회장이 술집에서 아들을 폭행한 이들을 폭행한 사건으로 우리 사회가 소란한 이때에 가정의 달과 어린이날을 맞습니다. 재벌이 아들에게 줄 수 있는 것이 아들 대신 때려줄 수 있는 재력과 권력뿐이라면 서글픈 일입니다. 우리가 자녀들에게 그런 재력이나 권력을 줄 수 없을지라도 루즈벨트의 아버지 같이 전적인 신뢰와 믿음을 심어주며, 믿음으로 자녀를 격려할 수 있습니다. 그리고 그것이야말로 우리의 자녀를 거인으로 세우는 가장 큰 자산일 것입니다. 어린이날을 보내며, 당신의 믿음의 말 한마디가 당신의 자녀를 위대하게도 왜소하게도 할 수 있음을 결코 잊지 맙시다.

"또 아비들아 너희 자녀를 노엽게 하지 말고 오직 주의 교훈과 훈계로 양육하라" (엡 6:4).

꽃씨를 뿌리는 우체부

-하나님의 나라를 꿈꾸는 것도 이와 같습니다.
이 땅에 하나님의 나라를 이루기 위하여
우리가 직업을 바꿀 필요는 없습니다.
자기의 생업을 계속하면서
그 우체부 같이 복음의 꽃씨를 뿌리기만 하면 됩니다.-

미국 샌프란시스코 남부에 '로스 알토힐' (Los Altohill)이 라는 유명한 꽃마을이 있습니다. 오래 전에 이 마을에는 요 한이라는 우체부가 있었습니다. 그는 매일 자기 구역을 자 전거를 타고 다니며 "편지요! 소포 왔어요!"라고 외치며 우 편물을 배달했습니다. 똑같은 길로 똑같은 말, 똑같은 일을 하며 지내던 중 어느덧 요한은 중년(中年)이 되었습니다.

그러던 어느 날 갑자기 자기의 삶에 대한 회의(懷疑)가 일 기 시작했습니다. 그 단순하고 단조로운 삶에 싫증이 난 그 는 자기의 일을 계속할 것인지, 다른 일로 바꿀 것인지, 바꾼 다면 어떤 일을 할 것인지를 놓고 매일 고민했습니다. 그리고 기도했습니다. 그런데 하나님은 그에게 그 일을 계속하라는 마음을 주셨습니다. 그는 하나님께 그 일이 너무나 지겹고 지루한데 어떻게 계속하느냐고 여쭈자, 하나님은 '그 일을 계속하며 보람 있게 살 수 있는 방법을 찾아보라' 고 하셨습니다. 그 후에 이 문제로 기도하던 그에게 어느 날 좋은 생각이 떠올랐습니다. '그래 참 좋은 방법이야! 이제부터 다르게 살아보자!'

그 후로도 그는 똑같은 길로 똑같은 말을 하며 똑같은 일을 하고 다녔지만 달라진 것이 있었습니다. 그것은 그의 우편배달 가방에 꽃씨를 넣고 다니며 배달하는 거리와 집집마다 꽃씨를 뿌리는 것이었습니다. 그렇게 세월이 지나자 그가 다니는 거리에는 아름다운 꽃들이 피어나기 시작했고, 마침내 온 마을이 아름다운 꽃으로 가득한 유명한 꽃마을로 변했고 수많은 관광객들이 찾아오는 마을이 되었습니다.

우리가 하나님의 나라를 꿈꾸는 것도 이와 같습니다. 이 땅에 하나님의 나라를 이루기 위하여 우리가 직업을 바꿀 필요는 없습니다. 자기의 생업을 계속하면서 그 우체부 같이 복음의 꽃씨를 뿌리기만 하면 됩니다. 물론 우리가 뿌리는 복음의 씨는 더러는 길가와 돌짝밭에 떨어져 죽기도 할 것입니다. 그러나 옥토에 떨어진 씨는 때가 되면 피어나 백배의 결실을 맺게 되어 복음의 꽃마을을 이룰 것입니다. 이것은 우리가 꿈꾸는 부흥을 이루는 방편이기도 합니다. 이제 우리 다 같이 저 우체부와 같이 복음의 꽃마을 꿈꾸며 힘써 복음의 씨를 뿌려 보시지 않겠습니까?

"너는 말씀을 전파하라 때를 얻든지 못 얻든지 항상 힘쓰라"(딤후 4:2).

나누지 못한 옥수수 씨앗

-이웃의 불행을 외면하는 것은 내 행복(幸福) 농장의
경쟁력을 키우는 것이 아니라 도리어
내 행복의 농장 수확량을 감소시킵니다.
그러므로 내 행복의 경쟁력은 나의 행복을 나누는
감사(感謝)에 있음을 알아야 합니다. 내 행복을 나누는 것은
결코 손해가 아니라 경쟁력을 올려주는 소득입니다.-

한 농부가 그날의 일과를 마치고 집에 돌아와 흔들의자에 앉아 느긋하게 신문을 읽고 있었습니다. 신문을 읽던 그의 눈이 갑자기 빛나기 시작했습니다. 그 기사는 새 품종 옥수수 종자에 대한 기사였습니다. 농부는 날이 새기를 기다려 그 옥수수 종자를 구하러 갔습니다. 어렵게 새 품종 옥수수 종자를 구해온 농부는 온 정성을 들여 파종하고 길렀습니다. 그해 새 품종 옥수수는 대풍작을 이루어 농부의 기대와 수고에 부응했습니다.

이를 본 이웃 농장주들이 새 품종 옥수수 씨앗을 나누어 달라고 간청했습니다. 그러나 농부는 자기 농장의 경쟁력이

떨어질 것을 염려하여 거절했습니다. 이웃 농장주들은 틈만 나면 그 옥수수 씨앗을 달라고 졸랐지만 그는 마음을 바꾸지 않았습니다. 그리고 다음해 파종했으나 수확이 전년 같지 못했습니다. 그리고 해가 갈수록 수확량이 떨어져 갔습니다. 농부는 비싸게 구입한 종자가 한 해만 풍작을 이루고 만 것이 안타까워서 그 원인을 찾기에 온갖 노력을 기울인 끝에 원인을 밝혀냈습니다.

그 원인은 이웃 농장들의 옥수수 밭에서 날아온 옥수수 꽃가루 때문이었습니다. 이웃 농장에서 날아온 꽃가루들이 새 품종을 본래의 품종으로 변화시켜간 것입니다. 그래서 새 품종 옥수수는 해마다 수확량이 떨어져 갔던 것입니다. 결국 나누지 못한 옥수수 씨앗은 경쟁력을 지키고 향상(向上)시킨 것이 아니라 떨어뜨리고 말았던 것입니다.

이것은 이웃의 불행을 외면하는 것은 내 행복(幸福)농장의 경쟁력을 키우는 것이 아니라, 도리어 내 행복의 농장 수확량을 감소시킨다는 교훈을 주는 사례입니다. 그러므로 내 행복의 경쟁력은 나의 행복을 나누는 감사(感謝)에 있음을 알아야 합니다. 내 행복을 나누는 것은 결코 손해가 아니라 경쟁력을 올려주는 소득입니다.

이것이 성경에서 추수절에 가난한 이웃의 몫을 남겨두고 추수하게 하고, 이웃과 고아와 과부와 나그네들, 그리고 레위인들과 함께 하라고 하신 까닭이 아니겠습니까? 내가 거둔 것은 나 홀로 한 것이 아니라 이웃이 있었기에 가능했던 것이며, 이웃의 고통을 살피고 기쁨을 나눌 때 행복은 더해지기 마련이기 때문입니다. 그러므로 내게 주어진 행복을 나누는 것이 감사입니다. 하나님은 행복을 나누는 감사로 우리 행복의 경쟁력을 올려주시는 분이십니다.

감사의 절기 추수감사절입니다. 감사절은 이웃을 생각하고 나누게 하는 절기입니다. 이웃이 행복하지 못하면 결국은 자신도 행복할 수 없는 법입니다. 이웃의 불행이 내게 아무런 부담과 고통이 되지 않는다면 그는 그리스도의 마음이 있는 사람이 아닙니다. 나누어 이웃이 행복할 때, 나의 행복지수가 높아지고 내 농장의 행복의 경쟁력도 높아질 것입니다.

그러므로 감사의 옥수수 씨앗을 이웃과 나누어 봅시다. 나누시는 분들의 감사는 이 겨울을 따뜻하게 보낼 수 있게 해주고, 명년 행복 농사의 농장에 풍작을 기약해 줄 것이기 때문입니다.

사람을 외모로 취하지 말라

-세련된 차림새나 고급 승용차와 명품으로 치장해야만
인격의 가치를 존중 받고 인격적인 대우를 받을 수 있는 사회는
허영(虛榮)에 물든 불행한 사회일 뿐입니다.
사람을 외모로 취하는 외모지상주의가 더 이상
우리 사회에서 사람을 비인간화하고
비효율 창출하게 버려두어서는 안 됩니다.-

낡고 허름한 차림의 부부가 보스턴 역에서 내려 하버드대로 들어갔습니다. 이들 부부는 비서에게 총장 면담을 원했습니다. 이 허름한 촌뜨기로 보이는 부부에게 비서는, 총장은 시간이 없다고 거절해 버렸습니다. 그러자 부부는 그러면 기다리겠노라며 자리에 앉았습니다. 비서는 이를 애써 무시하고 못 본 체 버려두다 세 시간이 지나자 당황하여 총장에게 알릴 수밖에 없었습니다.

총장은 눈살을 찌푸리며 이 허름한 부부를 맞았습니다. 자리에 앉은 남편이 먼저 입을 열었습니다. 자기 외아들이

하버드대를 일 년 다니다 사고로 사망했는데, 아들이 하버드를 너무 사랑했으므로 아들을 기념하는 기념물을 하버드대에 세우도록 해 달라는 내용이었습니다. 이에 총장이 그런 식으로 동상을 세우면 하버드대는 공동묘지 같이 될 것이라며 거절하자 부인이 나섰습니다. ‘우리는 동상이 아니라 건물을 기증하려고 합니다.’

그러자 총장은 이 허름한 부부를 번갈아 보며 목소리를 높여 말했습니다. “건물 하나를 세우려면 얼마가 드는지 알기나 하십니까?” 그러면서 교정(校庭)을 가리키며 말했습니다. “저 건물 하나가 750만 달러입니다.” 이 말을 들은 부인이 남편에게 말했습니다. “여보, 대학 하나 세우는데 겨우 그것밖에 들지 않는다면 이런 대우를 받느니 차라리 우리가 대학을 하나 세우는 것이 좋지 않을까요?” 남편도 동의했습니다.

이들 부부는 당장 캘리포니아 팔로알토로 여행했습니다. 그리고 그곳에 아들을 기념하여 “스탠퍼드 리랜드”라는 자기들 이름으로 대학을 세웠습니다. 이것이 저 ‘스탠퍼드 대학’(Stanford University)이 세워진 유래입니다. 그 후 하버드대에는 "사람을 외모로 취하지 말라"는 경구(警句)가 내걸렸다고 합니다.

그렇습니다. 참된 행복이란 외부적인 조건에 의하여서가 아니라 한 사람 자체와 그 인격을 인격으로 여기고 대함에 있는 것입니다. 그러함에도 불구하고 우리사회는 "외모지상주의"가 판치고 있습니다. 의대에서 성형외과가 가장 각광받는 파트가 되고 성형수술이 일상처럼 되어 세계제일이라는 것과, 경제는 어려워도 명품은 호황인 것이 사사(時事)하는 것이 무엇이겠습니까?

세련된 차림새나 고급 승용차와 명품으로 치장해야만 인격의 가치를 존중 받고 인격적인 대우를 받을 수 있는 사회는 허영(虛榮)에 물든 불행한 사회일 뿐입니다. 사람을 외모로 취하는 외모지상주의가 더 이상 우리 사회에서 사람을 비인간화하고 비효율 창출하게 버려누어서는 안 됩니다.

심지어 가정에서 조차 인격 자체가 아니라, 인물, 능력, 지위, 성공에 따라 자식 대우가 다르고 부모 대우가 다르며 남편대우가 다른 경우도 흔합니다. 이런 각박한 세상에서

적어도 우리의 가정만은 인격 자체가 존중을 받게 하는 장(場)이 되어야 하지 않겠습니까? 우리 가정에서 외모나 조건이 아니라 인격 자체를 존중하는 그런 가치관과 인격이 함양(涵養)될 때 그 가정이 소유에 상관없이 인격이 존중받는 진정한 행복을 누릴 것이며, 이런 가문의 사람들이 우리 사회가 인격 그 자체로 대우를 받는 행복한 세상을 이루는 주역(主役)이 되게 할 것입니다.

사람을 외모로 취하면 당신도 당신에게 오는 행운을 차버릴 수 있다는 사실을 잊지 맙시다. 우리 가정에 "사람을 외모로 취하지 말라"는 하버드대의 경구를 걸어두는 것도 좋은 방법의 하나가 되지 않을까요?

일본의 신화로 남은 건축물

-성공도 이와 같습니다. 아무리 크게 성공했다 해도
'겸손' 의 기초공사를 견고히 하지 못한 성공은
'교만' 의 대지진 앞에 처참하게 무너질 수밖에 없습니다.
성공의 집을 높이 올리기 전에 성공에도 감사 할 수 있는 겸손이란
기초공사를 라이트와 같이 든든히 해야 합니다.-

도쿄의 제국호텔은 미국의 유명한 건축가인 프랭크 로이드 라이트(Frank Lloyd Wright, 1867-1959)의 작품 중 하나입니다. 라이트는 제국호텔의 공사를 시작하여 2년간을 기초공사에만 매달렸습니다. 이렇게 기초공사에 너무도 많은 시간을 들이자 공사비도 두 배 이상이 들어갔습니다. 사람들은 라이트가 그렇게 많은 시간과 돈을 기초공사에 들이는 것을 낭비라고 비난했습니다. 결국 기초공사에 2년, 나머지 공사에 2년이 걸려 4년 만에 제국호텔이 완공되었습니다. 완공된 제국호텔은 지나치게 시간과 돈을 들인 대표적인 케이스의 건축물이 되어버렸습니다.

그렇게 세월이 흘러가 저 유명한 '관동대지진'이 발생했습니다. 대지진은 관동지역을 처참하게 파괴했지만, 라이트가 지은 제국호텔과 그 안에 있는 것은 거의 손상 없이 견고히 그리고 여봐라는 듯이 의연히 서있었습니다. 그 후로 프랭크 로이드 라이트와 그의 작품 제국호텔은 일본 건축계의 신화(神話)가 되어버렸습니다. 지진이 잦은 일본에서 기초가 튼실하지 못하면 아무리 아름답고 높은 건물이라도 사상누각일 뿐입니다. 기초에 가장 많은 공을 들인 제국호텔은 대지진도 손상을 입힐 수 없었던 것입니다.

성공도 이와 같습니다. 아무리 크게 성공했다 해도 '겸손'의 기초공사를 견고히 하지 못한 성공은 '교만'의 대지진 앞에 처참하게 무너질 수밖에 없습니다. 성공의 집을 높이 올리기 전에 성공에도 감사 할 수 있는 겸손이란 기초공사를 라이트와 같이 든든히 해야 합니다.

성공에 감사케 하는 겸손은 힘써도 잘 안 되는 덕성이기 때문입니다. 힘들고 많은 비용이 들어도 먼저 감사할 수 있는 겸손의 기초를 든든히 합시다. 겸허에서 나오는 감사는 교만의 지진을 지켜주는 성공의 능력이기 때문입니다. 겸손에서 나오는 감사는 성공을 지키고 누리게 하며 발전케 하는 은혜 위에 은혜입니다. 우리의 성공은 이 감사하는 겸손의 기초 위에 서 있습니까? 혹 감사가 부실하면 늦기 전에 감사할 수 있는 겸손과 겸허라는 기초를 보강합시다. 그리하여 결코 무너지지 않는 성공 탑을 높일 수 있는 복을 누려보시지 않겠습니까?

수도회의 규칙

-믿음은 단순한 신조나 교리가 아니라 주님과 만남이며
그 관계에서 이루어지는 사랑으로 인하여 변화 되어가는
삶이라는 것을 꼭 기억하시기 바랍니다.-

도미니카 수도회 수사(修士) 한 명과 프란시스코 수도회 수사 한 명이 함께 길을 가다가 소나기로 물이 많이 불은 시내를 건너게 되었습니다. 물가에서 도미니카회(會) 수사가 프란시스코 회 수사 형제에게 부탁을 했습니다.

"수사님께서는 어차피 맨발에 샌들이시니 저를 업어서 건네주시지 않겠습니까?"

이 부탁을 기꺼이 승낙한 프란시스코회 수사가 도미니카회 수사를 업고 냇물을 건너다 시냇물 한가운데에 이르자 뭔가 생각이 난 듯 걸음을 멈추고 등에 업힌 수사에게 고개를 돌리고 물었습니다.

"형제님, 혹시 돈을 지니고 있지 않습니까?"

"동전 두 닢이 있는데요. 왜 그러십니까?"

이 대답을 들은 프란시스코회 수사가 기겁을 하며 업고
있던 도미니카회 수사를 물속에 내동댕이치고는 말했습니
다.

"형제여, 용서하십시오. 우리 수도회 규칙에 돈은 절대로
지니고 다녀서는 안 된다고 되어 있습니다."

도미니카회 수사는 프란시스코회 규칙으로 프란시스코
회 형제를 골탕 먹이려고 했고, 이에 응수하여 프란시스코
회 수사는 자기 수도회의 규칙으로 도미니카회 형제를 골탕
먹였다는 일화입니다.

이것은 이들의 유머감각과 위트가 얼마나 뛰어난지를 보
여 줍니다만, 신앙인들이 이런 식으로 믿음의 본질을 상실
하고 있다는 것을 상기시켜 주고 있습니다.

프란시스코회 수사는 돈을 버리기 위해서 돈보다 귀하고
돈과 바꿀 수 없는 사람을 그것도 형제를 버렸습니다. 이런
식으로 예수님 당시에 타락한 서기관들과 바리새인들은 안
식일을 지키기 위하여 죽어가는 사람을 돌보지 않고 안식일
보다 크신 주님을 버렸습니다. 율법을 잘 지키기 위하여 사
람이 만든 전통으로 도리어 하나님의 계명을 폐하고 버렸던

것입니다. 이렇게 본질을 버리고 있으면서도 그들은 전통을 따르기 때문에 자기네를 가장 훌륭한 신앙인으로 착각하고 있었습니다.

이렇게 믿음의 본질인 주님도 없고 사랑도 없으면서도 정통적이고 보수적인 교리를 가졌기 때문에 자신을 훌륭한 신앙인으로 착각하는 경우가 많습니다. 본질을 잃은 신앙은 교리적인 신앙이고 고백적(告白的)이지 못한 특징을 가집니다. 교리적인 신앙은 귀신도 가지는 것입니다. 믿음은 단순한 신조나 교리가 아니라 주님과 만남이며 그 관계에서 이루어지는 사랑으로 인하여 변화 되어가는 삶이라는 것을 꼭 기억하시기 바랍니다. 혹여 신앙의 규칙을 지키기 위하여 신앙의 본질인 주님이나 사랑을 버리고 있지는 않는지를 성찰해 보는 것은 신앙의 본질을 회복하는 매우 유익한 명상이 될 것이라고 믿습니다.

베르테르 효과

-"아담 효과"를 끊어 버리고 죽음의 절망에서
생명에 이르게 하는 길은 "예수 효과" 외에는 없습니다.
아담의 죽음은 모든 사람을 죽음에 이르게 하지만
예수 그리스도의 죽음은 죽음에서 생명에 이르게 했기 때문입니다. -

독일의 문호 괴테는 1774년, 「젊은 베르테르의 슬픔」이라는 서한체(書翰體) 소설을 발표했습니다. 주인공 베르테르는 로테를 사랑하지만 그녀에게 약혼자가 있다는 사실을 알고 실의와 절망에 빠져 권총으로 자살하기에 이른다는 줄거리의 이 소설이 출판되자, 전 유럽에 센세이션을 일으키며 베스트셀러가 됩니다. 그리고 시대적인 제약과 장벽을 뛰어넘지 못하고 좌절한 베르테르의 슬픔에 공감해 자살하는 사람이 급증했습니다. '베르테르 효과'란 이렇게 자신이 모델로 삼고 존경하거나 선망의 대상인 사회적인 영향력이 있는 사람이 자살할 경우에 이를 자신과 동일시하여 자살을 시도하는 현상을 말합니다.

이 현상을 미국의 사회학자 데이비드 필립스(David Phillips)가 1974년에 "베르테르 효과"(Werther effect)라고 명명했습니다. 그는 20년 동안 미국의 자살을 연구했는데, 유명인사의 자살 보도 후에 자살률이 급증한다는 사실을 토대로 이 이론을 발표했습니다. 실제로 마릴린 몬로가 자살한 후 자살률이 12.9%가 증가했고, 영화배우 이은주가 자살한 후 이전보다 425명이나 더 자살하는 사람이 늘어났습니다. 그리고 최진실의 자살에 이르기까지 일련의 연예인들의 자살도 이 베르테르 효과를 입증하는 것 같습니다.

이런 현상은 참으로 가슴 아픈 일입니다. 이들의 자살은 인생의 진정한 의미를 생각하게 해 줍니다만 이 현상이 분명히 입증한 것이 "아담 효과"일 것입니다. 아담의 죽음은 모든 인류를 죽음에 이르게 했고, 이 죽음의 절망이 계속적으로 인류를 죽음으로 몰아가고 있기 때문입니다. 그래서 저는 이를 "아담 효과"라고 명명(命名)하기로 했습니다.

따라서 이 "아담 효과"를 끊어 버리고 죽음의 절망에서 생명에 이르게 하는 길은 "예수 효과" 외에는 없습니다. 아담의 죽음은 모든 사람을 죽음에 이르게 하지만 예수 그리스도의 죽음은 죽음에서 생명에 이르게 했기 때문입니다.

이 예수 안에 있는 그리스도인은 결코 자살하지 못합니다. 절대 절망인 죽음에도 소망이 있기 때문입니다. 그래서 초대교회 그리스도인들은 죽음보다 더 고통스러운 순교를 택하면서도 자살하지 않은 것입니다.

이런 면에서 자살한 연예인들이 그리스도인들이었다는 사실은 오늘의 조국교회와 성도들의 영적인 수준을 헤아리게 해줍니다. 자살한 그들의 빈소와 운구하는 관에 붉은 빛 선명한 십자가를 보는 것은 참 민망한 일이었습니다. 이것은 현대교회의 강단에서 "천국"을 듣기가 희귀한 것과 무관하지 않을 것이며, 부활과 심판의 신앙이 분명하지 않아서 성도들이 실제로 천국을 표준으로 살지 않는 다는 증거인 것 같아서 목사로서 책임감을 느끼지 않을 수 없었습니다.

따라서 이 땅에서 '아담 효과'를 방지하고 생명에 이르게 하는 길은 예수 그리스도 안에 있게 하고 죽음 앞에서도 소망을 잃지 않는 참된 제자의 삶의 능력을 보이는 데 있음을 확신합니다. 베르테르 효과, 아담 효과는 예수 효과 앞에서 그 죽음에 이르는 사슬이 끊어지기 때문입니다. 그러므로 "사망아 네가 무엇이냐?" 당당히 예수 효과를 주장해 사망이 종지부를 찍도록 해봅시다.

약비+방사능비+약비

-기왕에 내리는 이번 비가 왕창 와주었으면 하는 마음 때문입니다.
그래서 아예 우리 대기에 있는 방사능 물질을 깨끗이 씻어내 주는
진짜 약(藥)비가 되어 주었으면 하는 마음 때문입니다.
여기에다 방사능비를 유발하는 인간의 끝없는 탐욕을 깨끗이 씻어내 줄
성령의 소나기를 기다리는 것은 목사의 과한 욕심일까요?-

봄비 내리는 소리가 촉촉이 귀를 적시는 이른 아침입니다. 이 봄비 소리는 마치 봄의 교향악 소리와 같이 들릴 반가운 빗소리입니다. 이번 비는 약비(藥雨)라고 불러도 좋을 만큼 제때 적당히 내려주는 축복의 봄비이기 때문입니다. 이번 비로 당장 건조할 대로 건조해진 산불의 위험이 감소할 것이며, 가물어 메마른 대지가 목을 축이고 물 부족도 일부 해결될 것입니다.

그러나 한편으로 이 약비가 내리는 소리는 봄의 교향곡으로 들리는 것이 아니라, 마치 봄의 장송곡을 듣는 듯한 침울

한 분위기인 것은 왜 그렇습니까? 그렇지 않아도 산성비를 두려워하는 참에 이제는 방사능 물질까지 섞인 독(毒)한 약비(?)가 되었다는 참혹한 현실 때문입니다.

후쿠시마 원전사고로 인한 방사능 물질이 우리나라의 대기 중에 이미 발견되었고 요오드니 세슘이니 하는 방사능 물질들이 이번 비에 섞여 내린다고 합니다. 약비가 무서운 방사능비로 변하는 참혹한 현실이 이제 먼 나라의 일이 아닌 우리의 현실이 되었다는 것입니다. 대기 중에 있던 방사능 물질이 비와 함께 내리면 우선 수돗물이 오염되고 토양이 오염되기 때문에 당국도 수돗물을 지키려는 대비책을 세우고 있는 모양입니다. 비를 맞으면 방사능에 노출된다는 두려움 때문에 휴교(休校)를 청원하는 학부모들도 속출하고 실제로 경기도 교육청은 교장 재량으로 휴고할 수 있게 했습니다.

문제는 이런 우려에 대한 우리 정부의 대처입니다. 우리 정부는 처음에는 편서풍(偏西風)때문에 방사능 물질이 우리나라에는 오지 않는다고 했다가, 오더라도 극소량이니 걱정할 필요가 없다고 국민들을 안심 시키며 방사능 공포가 확산되는 것을 차단하는 데 급급한 모습을 보이는 형국입니다. 정부(政府)는 방사능물질과 그로 인한 피해를 두려워하는 것이 아니라 국민들의 민심의 흉흉함을 더 두려워하고 있다는 인상을 주고 있습니다. 그러나 사실은 정부가 '무엇인가를 차단하고 있다' 라는 인상이 국민들을 더 불안하게 하고 있다는 사실을 정부는 알지 못하는 것 같습니다.

이것은 제가 어렸을 적에 중국이 처음 핵실험을 했을 때의 기억을 떠올리게 합니다. 그때 정부는 "죽음의 재"가 내린다고 대대적으로 전 국민 캠페인을 벌였습니다. 학교에 가면 조회 시간에 교장선생님이 연일 이 죽음의 재를 경고하던 일이 지금도 제 기억에 생생합니다. 사실 그때 국민들은 죽음의 재가 아니라 전쟁의 공포에 떨어야 했고, 이것이 더욱 반공 이데올로기에 충실하게 했습니다. 그런데 지금은 크게 염려하지 말라고 안심시키기에 주력하고 있으니 격세지감을 느끼게 합니다.

분명한 것은 불행스럽게도 이번 내리는 약비에 후쿠시마 원전에 누출된 방사능 물질인 요오드나 세슘 같은 물질이 섞여 내리는 방사능 독(毒)비가 되었다는 것입니다. 민간단체의 조사에 따르면 대기 중에는 정부가 발표한 수치보다 훨씬 높은 수치의 방사능 물질이 떠돌고 있는 것은 엄연한 사실입니다.

아무튼 이번 방사능 공포는 요한계시록 8장에 나오는 첫째, 둘째, 셋째 나팔 소리가 날 때의 현상을 생각하게 합니다. 특히 셋째 나팔의 현상을 보면, "횃불 같이 타는 큰 별이 하늘에서 떨어져 강들의 삼분의 일과 여러 물 샘에 떨어지니 이 별 이름은 쓴 쑥이라 물의 삼분의 일이 쓴 쑥이 되매 그 물이 쓴 물이 되므로 많은 사람이 죽더라"(10-11절)고 했습니다.

지금이 꼭 이런 현상은 아닙니까? 약(藥)비가 내리는데 약비가 아니라 맞으면 해가 되는 독(毒)비가 되고 있고, 이 비가 물을 죽음의 물로 오염시키고 있기 때문입니다. 결국 세상의 종말은 인간의 탐욕으로 인한 것임을 이번 후쿠시마 원전 사태는 분명히 입증한 셈입니다.

따라서 우리 그리스도인들과 교회는 우리 정부와 같이 안심하고 있으라고 무마(撫摩)의 수면제를 먹일 것이 아니라 끝없는 인간의 탐욕과 다가오는 심판의 날을 경고하는 나팔을 크게 울려야 할 것입니다. 그리고 존 스토트가 그의「제자도」에서 말했듯이 "창조 세계를 돌봄"의 소명을 성실히 순종해 나가야 할 것입니다. 이 세계는 주님 오실 때에 주의 뜻을 이룰 장이자 새 창조의 대상이 될 것이기 때문입니다.

잠시 쓰는 일을 중단하고 고요히 귀를 기울여 빗소리를 들어봅니다. 왜냐하면 기왕에 내리는 이번 비가 왕창 와주었으면 하는 마음 때문입니다. 많은 양의 비가 내리면 방사능 물질이 더 희석될 것이고, 그래서 아예 우리 대기에 있는 방사능 물질을 깨끗이 씻어내 주는 진짜 약비가 되어 주었으면 하는 마음 때문입니다. 이것이 지금 현재 방사능비를 우려하고 있는 이 땅을 위해 목사가 할 수 있는 소박한 기도이자 바람입니다. 여기에다 방사능비를 유발하는 인간의 끝없는 탐욕을 깨끗이 씻어내 줄 성령의 소나기를 기다리는 것은 목사의 과한 욕심일까요?

스티브 잡스를 보내며

-스티브 잡스가 우리에 남긴 진정한 유산은
퍼스널 피씨나 아이패드가 아니라
"성공은 성공을 추구하는 것이 아니라 가치 있는 일에 헌신하는 것"
이라는 교훈일 것입니다.-

인류의 생활 패턴을 획기적으로 바꾼 이로 평가되는 스티브 잡스(Steven Paul Jabs)가 어제(2011. 10. 5) 췌장암으로 타계했습니다. 그는 1955년 2월 24일에 미혼모에게 출생하여 일주일 만에 양부모에게 입양되었습니다. 리드대학에 입학했지만 비싼 등록금이 부담되고, 또 부모가 평생 번 돈을 수강료로 낼만한 가치가 없다고 생각되어 중퇴했지만, 거기서 서체디자인을 청강했습니다. 그리고 1976년 캘리포니아 부친의 집 차고에서 그의 절친과 함께 「애플」을 창업했습니다. 그리고 드디어 1984년 퍼스널 컴퓨터 맥킨토시를 출시해서 개인용 피시의 효시(嚆矢)가 되었습니다. 물론 이 매킨토시는 그가 서체디자인을 청강한 덕에 아름다운 활자체를 가질 수 있게 했습니다.

이 맥킨토시의 출현은 컴퓨터의 일대혁명이었습니다. 커다란 중앙처리장치를 가진 컴퓨터는 개인이 소유하거나 운용할 수 없었습니다. 그러나 스티브 잡스는 이 컴퓨터를 개인의 책상에 올려놓고 사무를 볼 수 있게 만들었습니다. 오늘날 거의 모든 사람이 그리고 집집마다 컴퓨터를 소유할 수 있고 컴퓨터로 업무를 처리할 수 있게 된 것도 순전히 그의 덕분이라고 생각합니다. 자기가 만든 애플에서 쫓겨났던 그가 다시 애플의 CEO로 복귀하고, 연속으로 발표한 아이팟, 아이폰, 아이패드는 애플을 구했을 뿐만 아니라, 인터넷을 주머니 속에 넣고 다니게 만들고 스마트 모바일 시대를 열게 했습니다. 이것이 인류의 생활을 어떻게 바꾸었는가는 가히 상상을 초월하는 것입니다.

이런 잡스가 타계하자 CNN은 정규방송을 중단하고 추모방송을 편성했고, 오바마 대통령은 "미국에서 가장 위대한 혁신가 중 한 사람"으로 추모했으며, 언론은 '에디슨 잡스'라고 명명하며 애도를 표하기도 했습니다. 나는 아이팟은 물론이고 아이폰이나 아이패드도 모르는 사람이지만, 그를 추모하는 것은 지금 내가 그의 성과물로 글을 쓰고 있고 업무를 처리하고 또 소통하고 있기 때문입니다. 게다가 악필인 나는 퍼스널 컴퓨터의 덕을 톡톡히 보고 있는 중입니다. 적어도 내겐 훈민정음을 창제한 세종대왕만큼이나 고마운 사람이 스티브 잡스입니다.

무엇이 스티브 잡스로 하여금 이렇게 세상을 변화시킬 수 있게 했을까요? 이것을 여실히 볼 수 있게 해주는 그의 어록이 있습니다. 그가 아직 신생기업에 불과한 애플의 경영자로 있을 때, 세계적인 대기업인 "펩시콜라"의 사장 존 스컬리를 스카우트 했는데, 망설이는 스컬리에게 이렇게 말했다고 합니다. "남은 인생을 설탕물이나 팔면서 살 겁니까? 아니면 나와 함께 세상을 바꾸실 겁니까?"

이 말은 그의 인생관을 잘 대변해 줍니다. 그는 성공을 추구한 것이 아니라 인류에게 도움이 되는 일에 헌신했다는 것입니다. 돈이나 행복이나 명예를 구한 것이 아니라 가치 있는 일에 헌신하려고 했다는 것입니다. 이것이 세상을 바꾸었을 뿐만 아니라 인생의 대박이 된 것입니다.

따라서 스티브 잡스가 우리에 남긴 진정한 유산은 퍼스널 피씨나 아이패드가 아니라 "성공(成功)은 성공을 추구하는 것이 아니라 가치 있는 일에 헌신(獻身)하는 것"이라는 교훈일 것입니다. 이 교훈은 특별히 우리 기독교인들을 부끄럽게 하고 도전이 됩니다. 우리는 세상을 바꿀 가장 강력하고도 효율적인 복음을 가지고 있으면서도 세상을 바꾸지 못하고 있고 또 바꾸려고 하지 않고 있기 때문입니다. 이는 우리가 복음이 아니라 설탕물에 헌신하고 있다는 반증은 아닐까요?

"나와 함께 복음으로 세상을 바꾸는 일에 헌신하지 않겠느냐?" 이 주님의 물음에 "설탕물이 아니라 복음에 헌신"하겠다고 대답하는 사람은 정녕 영광이 있을지어다.

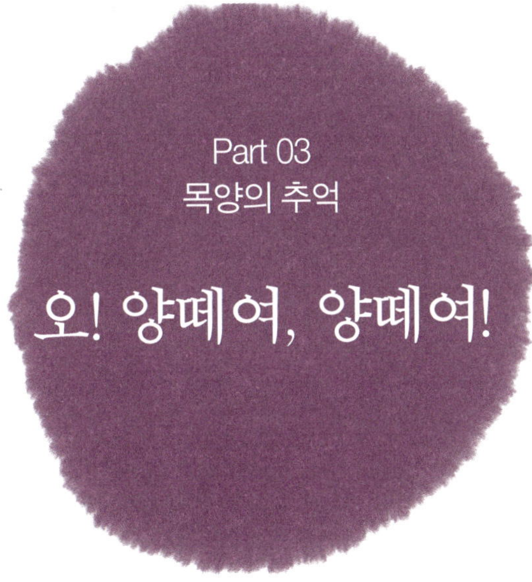

- 마지막으로 기도를 받으시고 눈물을 훔치시며
사택을 나가 뒤돌아보시고 또 뒤를 돌아보시며
댁으로 가시던 집사님이 치자 꽃 필 때면 그리워집니다.
치자 꽃향기보다 더 향기로운 그 집사님의 교회 사랑과
순수한 교역자 사랑은 언제까지나 결코 잊지 못할 것입니다.
올해도 순백의 치자 꽃 피고 치자 꽃향기 그윽하니
그리는 마음도 치자 꽃처럼 하얗게 피어납니다. -

- 본문 중에서-

뜻밖의 전화 한통

-믿음은 상처를 기억하는 것이 아니라
사랑을 기억하고 감사하는 것입니다.
믿음은 한 번의 서운한 일보다
아홉 번의 사랑을 기억하는 것입니다.-

화요일 밤 주보 원고를 쓰고 있는데, 전화가 울렸습니다. 전화를 받자 내가 알지 못하는 목소리의 여자가 대뜸 "동천리에 있던 교회 라 목사님이시냐?"라고 묻기에, 그렇다고 하니 반색을 하며 자신을 '경아'라고 소개했습니다. '경아가 누구지?' 하며 기억을 더듬는데, "할머니와 살던 경아"라며 목사님 덕에 잘 자라서 두 아이의 엄마가 되었다며 감사하다는 것이었습니다. '할머니'라는 말에 나는 비로소 그녀가 누군지를 기억하고는 "어떻게 전화번호를 알았느냐?"고 물으니, 인터넷으로 알아냈다고 합니다. 감사하다는 인사에, 잊지 않고 전화 준 것이 고맙다며 아이들의 이름을 물어 기도해 주고 전화를 끊었습니다.

전화를 끝내고 참 고맙다는 생각이 들었습니다. 왜냐하면 그는 저를 고마운 사람으로 기억할 수도 있지만, 그 반대로 생각할 수도 있기 때문입니다. 그리고 저 자신도 경아네 일에 속 쓰리고 심지어 부끄러움을 느꼈기 때문입니다. 교회가 동천리에 있던 시절 권사님 댁에는 월세를 사시는 분들이 여럿 있었습니다. 이 분들에게 어려운 일이 생기면 권사님은 그 어려운 일을 교회에 알리셨고, 그래서 교회는 위급한 아기를 병원에 보내 살리기도 하는 등의 선한 일을 할 수 있었습니다.

경아 네도 그 중의 하나였습니다. 어느 날 나이 많은 할머니 한 분이 손 자녀 남매를 데리고 권사님 셋방에 들어와 사시며 교회를 나왔고, 교회는 그분들에게 약간의 도움을 주고 있었습니다. 그러던 어느 날 그 할머니가 중풍으로 쓰러지게 되었습니다. 쓰러진 할머니를 저와 제 아내가 찾아다니고 있었는데, 집 주인 권사님이 고심 끝에 이장에게 이야기해서 근처에 있는 수녀들이 운영하는 성심원(聖心院)으로 보냈던 것입니다.

실제로 그 할머니 가족들에게는 그것이 더 유익했을 것입니다. 거기에 들어가면 생활은 물론 학업까지 보장이 되었기 때문입니다. 그러나 그때의 제 당혹감과 낭패감, 그리고 자괴감은 이루 말할 수가 없었습니다. 내 교인을 내 교회가 돌보지 못해서 천주교의 시설에 가게 했다는 자괴감 때문에 괴롭고 부끄러웠습니다. 이것은 지금껏 제 목회의 아픈 기억으로 남아 있습니다. 이런 아픈 기억이 나중에 교회에 큰 환난이 되게 한 '신협'을 설립하게 한 동기 중의 하나이기도 했습니다. 따라서 경아는 저와 교회를 서운하게 또 나쁘게 생각할 여지가 충분히 있었습니다. 결정적인 순간에 교회가 자기들을 버렸다고 생각할 수도 있기 때문입니다.

그럼에도 그가 당시의 목사를 고마운 사람으로 기억하는 것은, 그 어려움과 상처 많은 환경에서도 예쁘고 따뜻한 마음으로 자라주었고, 세상을 긍정적으로 보는 사랑의 시각을 가졌다는 증거가 아니겠습니까? 저로서는 그것이 참으로 감사했습니다. 그렇습니다. 믿음은 상처를 기억하는 것이 아니라 사랑을 기억하고 감사하는 것입니다. 믿음은 한 번의 서운한 일보다 아홉 번의 사랑을 기억하는 것입니다.

그날 내게 걸려온 그 뜻밖의 전화 한 통은 나에게 한 줄기

빛이기도 했지만 지금도 지울 수 없는 목회적 부담과 한계와 도전을 다시 인식하게 했습니다. 천주교는 이런 문제들을 수용할 시스템이 있습니다. 그러나 우리는 이것이 부족합니다. 또 다시 어려운 교인을 돌볼 길이 없어 천주교 시설에 보내야 하는 아픔을 당할까 두렵습니다. 이것이 우리교회가 성장해야 할 이유 중의 하나임을 우리는 잊어서는 안 될 것이며, 또한 우리교회 부설 복지시설을 위하여 기도할 이유 중의 하나일 것입니다.

우수에 피우는 목양 편지

-새해 기도제목은 무지갯빛이지만
우수가 되어 사순절을 앞둔 지금에도
전혀 새로워지려는 몸짓을 보이지 못하고 있지는 않으십니까?
이제 믿음으로 일어납시다. 믿음은 그리스도 안에서
목표를 세우고 기도하고, 기도하는 것을 전심으로 살아내기 위하여
추구성을 가지고 일어나 걸어가는 것입니다.-

설을 지나 입춘을 맞은 것이 엊그제 같은데 내일이면 우수입니다. 옛날 어른들은 동지를 지내면 해가 노루꼬리 만큼씩 길어져 입춘을 앞두고는 소 누울 자리만큼 된다고 했습니다. 이렇게 노루꼬리 만큼씩 길어지는 줄 모르게 길어지는 해는 우수를 앞둔 지금은 소 한 마리 누울 만큼이 아니라 여섯시가 되어도 여명이 있을 만큼이나 길어졌습니다. 이렇게 꼭 한 달이 가면 낮과 밤의 길이가 같아진다는 춘분이 되고 화려한 봄꽃들이 꽃망울을 터뜨리는 것을 보게 될 것입니다.

우수는 말 그대로 봄비가 내리는 때가 되었다는 뜻입니다. 비가 내리면 언 땅이 풀릴 것이며, 선인들의 말대로 새싹을 띠울 것입니다. 이것은 본격적으로 농사일을 시작할 때가 되었다는 의미이기도 합니다. 그래서 농경사회였던 시절에는 우수 때인 이월 초하루가 되면, 주인은 금년 농사일 잘하라고 머슴들을 하루 잘 먹였고, 머슴들은 한해의 고된 농사일을 생각하며 「울타리를 붙잡고 우는 날」이라고 했습니다.

이처럼 우수의 세시풍속을 이야기 하는 것은, 신자로서 영적인 일 년 농사에 대하여 말하고자 함입니다. 한해 농사를 잘 하려면 우수를 지나고부터는 부지런히 본격적으로 농사일을 해야 합니다. 논밭에 거름을 내고, 논에 복토나 객토를 해서 지력(地力)을 돋우는 것도 이때의 일이며, 작은 배미를 합배미하고 두렁을 손보는 것도 이때의 일입니다.

이렇게 우수 때의 일이 그해 농사의 근본임과 같이, 이 시기의 경건훈련은 한해 영적 농사의 근본이자 중심이 되는 것입니다. 왜냐하면 이때가 교회력으로 사순절이 시작되는 때이기 때문입니다. 사순절은 고난주간을 거쳐 부활주일로 절정을 맞습니다. 주님의 구속의 은총을 가장 실감나게 체득하는 기회이자, 주님을 따르는 제자의 길을 주님의 수난의 일정에 맞추어 실제적으로 함께 할 수 있는 절기가 사순절일 것입니다. 이것이 우리 은혜로교회가 사순절에서 부활절까지 집중적으로 영성을 훈련하는 기간으로 삼는 이유입니다.

금년에도 이 기간에 춘계심방, 갈멜산 기도회, 고난주간 사경회, 순교지 탐방이 있을 예정입니다. 새해 기도제목은 무지갯빛이지만 우수가 되어 사순절을 앞둔 지금에도 전혀 새로워지려는 몸짓을 보이지 못하고 있지는 않으십니까? 이제 믿음으로 떨치고 일어납시다. 믿음은 기도하고 기도하는 것을 전심으로 살아내기 위하여 추구성을 가지고 일어나 걸어가는 것입니다. 이 시기를 그럭저럭 보내면 금년 한해의 영적 농사는 헛농사가 될 가능성이 농후합니다. 사모하시고, 열심내시며, 기도로 준비하시고 전적으로 동참하시기를 당부합니다. 그리하여 금년은 의의 열매가 가득한 풍년 농사가 되시기를 축복합니다.

"나의 사랑하는 자가 내게 말하여 이르기를 나의 사랑,

내 어여쁜 자야 일어나서 함께 가자 겨울도 지나고 비도 그쳤고 지면에는 꽃이 피고 새가 노래할 때가 이르렀는데 비둘기의 소리가 우리 땅에 들리는구나"(아 2:10-12).

무한의 배당

-전도사가 된 조셀린이 그 첫 열매이며 배당이요, 그 산지족 교인들은 또한 첫 열매이자 두 번째의 배당입니다. 우리는 조셀린과 그의 산지족 교인들을 통하여 얼마나 더 많은 필리핀 사람들의 영혼을 배당 받을지 모릅니다.-

필리핀에서 날아온 한 통의 편지와 몇 장의 사진이 지금 저를 흥분과 기대에 들뜨게 하고 있습니다. 그것은 우리 장학 선교사 "조셀린 빌랴오"가 벌써 신학교를 졸업하고, 파라이교회에서 전도사로 사역을 시작했다는 소식 때문입니다. 파라이교회는 마닐라 북쪽 300 킬로미터 지점에 있는 이푸가오 산지족(山地族) 교회입니다. 저는 그 올망졸망한 산지족 교인들과 찍은 조셀린의 사진을 보면서, 우리가 너무 빨리 그리고 너무 많은 배당을 받고 있다고 생각했습니다.

전도사가 된 조셀린이 그 첫 열매이며 배당이요, 그 산지족 교인들은 또한 첫 열매이자 두 번째의 배당입니다. 우리는 조셀린과 그의 산지족 교인들을 통하여 얼마나 더 많은 필리핀 사람들의 영혼을 배당 받을지 모릅니다. 거기에다 천국에서 받을 본전과 이자는 아직 고려하지 않으니, 그야말로 무한의 배당이 우리를 기다리고 있는 셈입니다.

노회 교역자 수양회 때 필리핀장로회 신학교를 탐방 했었습니다. 거기서 매월 7만원이면 현지인 신학생 한 명을 기를 수 있다는 선교사의 호소에 저는 도전을 받았습니다. 이런 일이라면 우리도 얼마든지 할 수 있는 일이었고, 또한 현지인을 목회자로 기르는 것은 최선의 선교라고 여겼기 때문입니다. 이렇게 해서 시작한 장학선교사역이 이렇게 빨리 놀라운 열매를 거둔 것입니다. 그래서 4박 5일의 필리핀 선교여행 시에 받은 저의 필리핀 가슴앓이가 결코 헛되지 않았음을 재확인 했습니다.

그래서 성경은 이렇게 말씀합니다. "우리가 선을 행하되 낙심하지 말지니 포기하지 아니하면 때가 이르매 거두리라"(갈 6:9). "그러므로 내 사랑하는 형제들아 견실하며 흔들리지 말고 항상 주의 일에 더욱 힘쓰는 자들이 되라 이는 너희 수고가 주 안에서 헛되지 않은 줄 앎이라"(고전

15:58).

우리 다 같이 조셀린 빌랴오의 사역과 건강을 위해서, 그리고 우리가 다시 만날 새로운 장학선교사를 위하여 기도합시다. 조셀린과 새로운 장학선교사를 통해서 받을 배당과 천국의 무한한 배당을 생각하면 가슴이 뛰지 않으십니까?

벤자민 목회(?)

-목회란 항상 더 나은 향상을 추구하고 시도해야 하지만,
그것은 책임과 더불어 항상 고독한 결단이 따르는 것입니다.
그리고 그 시도에 대하여는 이런 말 저런 말이 있기 마련이지만,
그런 가운데서 말없이 길러나가면 결국은
목적한 좋은 결과가 오는 것입니다.-

목회자마다 목회철학 또는 목회관이 있기 마련입니다. 총회장을 지낸 어떤 목사는 당신은 "물과 같이 목회를 한다."고 술회한 적이 있지만, 요즈음 나는 "목회란 마치 내가 기르는 벤자민과 같다"고 생각하고 있는 중입니다. 몇 년 전에 집사님 한 분이 벤자민 고무나무 화분 하나를 봉헌하셨습니다. 그것을 한 일 년 간 정성껏 물주고 가꾸니 더욱 튼실하고 울창하게 자라서 강단에 두면 보기 좋게 되었습니다.

그러던 어느 날 들렀던 백화점에서 참 보기 좋은 벤자민을 보았습니다. 그것은 나무의 중동을 잘라서 가지 살이 마

치 우산같이 오붓하게 퍼져 내려오게 기른 것인데, 아주 인
상적이어서 교회에 있는 벤자민도 한 번 그렇게 만들어 보
겠다는 생각을 가지게 되었습니다. 그러나 그 계획을 막상
실행하려고 하니 그 벤자민을 가져온 교인 생각도 나고, 울
창한 가지를 자르기가 아까워서 망설이다가 어느 날 과감하
게 백화점에서 보았던 그 모양으로 자랄 수 있는 형태로 잘
라버렸습니다.

아니나 다를까요? 예상대로 왜 그 보기 좋은 것을 잘랐느
냐고 아쉬워하는 분들이 있는가 하면, 한편에서는 너무 늘어
졌었는데 깔끔해서 좋다고 지지를 보내는 사람도 있었습니
다. 그날부터 나는 말없이 내가 바라는 벤자민의 형태를 생
각하며 물을 주고 가위질을 하며 그 벤자민을 길러왔습니다.

그렇게 세월이 가는 중에, 어느 주일날 집사님 한 분이 그
벤자민을 보고는 "참 좋은 작품이 되었다!"고 하며 좋아하
시니, 좌중 모두가 그 말에 찬동들을 해서 나는 빙그레 웃고
말았습니다. 아닌 게 아니라 내가 보아도 지금은 시장에 내
놓아도 값나갈만한 좋은 물건이 되었기 때문입니다.

그날 집사님들의 말을 들으며 목회도 꼭 이 벤자민 기르기와 같다는 생각이 들었습니다. 목회란 항상 더 나은 향상을 추구하고 시도해야 하지만, 그것은 책임과 더불어 항상 고독한 결단이 따르는 것입니다. 그리고 그 시도에 대하여는 이런 말 저런 말이 있기 마련이지만, 그런 가운데서 말없이 길러나가면 결국은 목적한 좋은 결과가 오기 때문입니다. 그래서 하나님은 선지자에게 "그들은 네게로 돌아오려니와 너는 그들에게로 돌아가지 말지니라"(렘 15:19)라고 하신 것이 아니겠습니까?

이렇게 목회는 어떤 형식으로 어떻게 하든 그 본질이 고독한 것입니다. 이렇게 해야 하는 것이 목회이고 이것이 목회자임을 아는 교인들은 얼마나 될까요? 어제 그 벤자민에 가위질을 하면서 나는 다시 목회의 본질이 무엇인지를 생각해 보았습니다.

목회지에서 온 편지

-나의 작은 나눔도 생애를 다시 일으키는
큰 위로가 될 수 있기 때문입니다.
그리고 오른손이 하는 것을 왼손이 모르게 하여,
그러지 않아도 충분히 비참한 이들에게 '모멸감' 이라는
세금을 내게 하는 일이 없도록 주의를 기울입시다!-

"목사님께, 자신을 잃으면서까지 달려온 목회의 길! 바람 부는 광야에 홀로 서 있는 느낌을 갖고 있을 때, 목사님은 저에게 큰 위로가 되었습니다. 목사님이 지니신 영적인 분위기, 순수함이 저를 감동하게 했습니다. 목사님! 성탄절을 맞이하여 목사님, 사모님, 그리고 사랑하는 자녀들, 그리고 섬기시는 교회에 큰 평안이 넘치시고 하나님께서 주신 소중한 목회가 항상 승리로, 환희로, 풍성한 열매를 맺는 생애가 되시기를 바라며, 물심양면으로 도와주시는 목사님께 다시 한 번 감사를 드리며, 안녕히 계십시오."

이 사연은 십년이 넘게 젊음을 바쳐 개척한 교회를 잃어

버리고, 경남지방으로 목회지를 찾아간 동기인 친구 목사의 편지입니다. 나는 여기에 쓰인 찬사가 당치도 않다고 여기는 사람입니다. 그 흔히 하는 "할렐루야!"로 인사도 하지 않는 사람인데 영적인 분위기라니…. 이 편지를 싣는 것은 작은 위로가 외로운 이들에게는 얼마나 큰 도움이 될 수 있는가를 보여 줄 수 있다고 믿기 때문입니다.

단지 떠날 때 끌어안고 같이 울어주고, 여행 중에 한번 들러 본 것뿐이고, 없지만 주머니 털어서 차비 정도 보탠 것뿐입니다. 그러나 이 보잘것없는 작은 위로가 그에게는 큰 위로와 격려가 되었다는 것을 이 편지는 잘 보여주고 있습니다. 고난 중에 있는 이들에게 돈처럼 필요한 것이 또 어디 있겠습니까? 사실 인생의 고난은 거의 돈과 관련되어서 일어나는 것이 대부분이기 때문입니다.

그래서 고난 중에 있는 사람에게 돈은 실제적인 도움이지만, 돈이라는 도움을 받는 경우, 모멸과 굴욕감(屈辱感)이라는 비싼 세금을 내게 하는 경우도 많습니다. 그러나 보잘것없는 부끄러운 도움이라도 사랑이 담긴 도움은 뜨거운 감동과 용기를 주고 사람을 살리는 좋은 약이 되는 것입니다.

성탄절입니다. 그래서 외로운 이에게는 더욱 외롭고 서러운 계절입니다. 조그만 사랑이라도 함께 나눌 친구나 이웃이 없는지 살필 때입니다. 그리고 마음으로 아픔을 함께 나누어 봅시다!

나의 작은 나눔도 생애를 다시 일으키는 큰 위로가 될 수 있기 때문입니다. 그리고 오른손이 하는 것을 왼손이 모르게 하여, 그러지 않아도 충분히 비참한 이들에게 '모멸감'이라는 세금을 내게 하는 일이 없도록 주의를 기울이도록 합시다. 그때 우리의 나눔을 하늘에 계신 아버지께서 향기로운 제물로 받으시고 상을 주실 것이며 고난 중에 있던 사람이 일어나는 모습을 보는 행복을 누리게 될 것이기 때문입니다.

밤에 오신 손님

-그 순간 낭패감, 자괴심 같은 것이 일어났습니다.
기도한다고 와서는 잠만 자다가 그 지경까지 된 것도 몰랐으니 말입니다
!마치 비행이라도 폭로된 듯한 느낌이 들었습니다.
재림 때에 있다는 부끄러움도 이런 종류일 것이라는 생각입니다.-

특별한 손님이 지난주일 새벽 1시에서 3시 사이에 우리교회를 다녀가셨습니다. 이 밤에 오신 손님을 내가 '특별한 손님' 이라고 부르는 이유는, 이 분이 가시면서 금년 7월로 만 5년이 되고 주행거리가 15만 킬로미터를 넘게 운행한 우리교회 고물차의 맨 뒤 칸 의자를 떼어 가셨기 때문만은 아닙니다. 이것만이라면 그냥 '밤손님' 이라고 불렀을 것입니다. 그리고 의자를 떼어 가시면서도 차를 가져가시지는 않았기 때문이기도 합니다.

성전건축을 시작한 이후에는, 건축문제 등 특별히 기도가 요구되는 때라서 기도해야 하겠다는 영적인 부담감이 늘 심

령을 누르고 있기 때문에 기도하러 교회로 가고 거기서 밤을 지내는 경우가 많습니다. 집에서 자는 것이 왠지 마음이 편치 못하고, 또 교회에서 자는 것이 몸은 편치 않아도 마음이 편하기 때문에 교회로 가서 밤을 보내는 이유이기도 합니다.

그날도 토요일 밤 청년부 모임 후에 사택에 들렀다가 늦은 시간이지만 교회에서 밤을 보내기 위해 다시 교회로 갔습니다. 그날따라 내린 비로 지하인 임시 예배실 한편 바닥에는 물이 흥건했습니다. 그래서 물을 본 김에 물청소하려고 빗자루를 들고 설치다보니, 밤 12시가 훌쩍 넘었습니다. 청소를 마치고 잠시 기도하고 눈을 붙였습니다. 그리고 새벽에 일어나 새벽기도회 차량을 운행하다가 비로소 의자가 사라진 것을 알았습니다.

그 순간 내게 낭패감, 자괴심 같은 것이 일어났습니다. 기도한다고 와서는 잠만 자다가 그 지경까지 된 것도 몰랐으니 말입니다! 마치 비행이라도 폭로된 듯한 느낌과 부끄러움이 확 밀려 왔습니다. 재림 때에 있다는 부끄러움도 이런 종류일 것이라는 생각입니다. 아무튼 그 손님은 제게 "더욱 깨어 있어 기도하라!"는 메시지를 남기고 가셨습니다. 그래서 그날 밤 그 손님은 내게는 더욱 '특별한 손님' 이 되신 것입니다.

그러면 목사님! 지금은 주무시지 않고 꼬박 기도만 하시냐고요? 글세… 그것 참! 그게 그렇습니다만, 그래도 그날 그 특별한 손님께서 의자만 떼어가고 차는 두고 간 것만 해도 어디입니까? 이게 다 그만큼이라도 기도한다고 폼이라도 잡아서가 아닐까요?

보일러 그리고 수도세

-이런 목회자의 애환을 알아두는 것도 목회를 이해하고 도와주는
한 방편이 되겠기에 슬며시 해보는 소리입니다.
그렇지만 이렇게 말하는 것도 혹시나 하고 부담을 가져야 하는 것이,
또한 목사의 애환이 아닐까요?-

교회를 이전하면서 임시로 사택이 교회 밖에 떨어져 있게
되었는데, 거기 살면서 벗어버린 부담 중의 하나가 보일러
에 들어가는 기름 값과 수도세의 부담감입니다. 전과 비교
한다면 거저다 싶게 적은 비용과 요금이 나오고 있기 때문
입니다.

사택이 교회 안에 있을 때에 목사가 연탄을 길고 쓰레기
차가 오면 연탄재를 버려야 하는 것을 민망히 여긴 집사님
들이 고맙게도 기름보일러를 놓아 주셨는데 문제는 기름
값! 겨울에는 아무리 보일러를 끄고 절약하며 춥게 살아 본
다고 해도, 단열이 안 되어있는 부실하게 지은 교회 안의 사

택은 한 번에 두 드럼을 넣는 보일러에 두 번 기름을 넣어도 겨우 한 달 남짓 지내는 것이 고작이니 이게 보통 부담스러운 게 아니었습니다.

이런 마음을 알아나 주는 듯 기름 값 이야기는 나오지 않았는데, 문제는 수도세였습니다. 이놈의 수도세가 어찌된 영문인지 5만원, 많으면 7만원이 넘게 나올 때가 있으니, 목사가 생각해도 많아도 너무 많다고 느끼고 있었는데, 아니나 다를까? 드디어 어느 분이 제직회에서 재정보고를 받으며 공식적으로(?) 수도세가 너무 많다고 거론하니, 여기저기서 수군 수군거림이 있었습니다. 그것이 사택에서 물을 많이 쓴다는 성토는 분명히 아니지만 그래도 마음 편한 일일 수는 없는 노릇이 아닙니까? 게다가 사택만 쓰는 것이 아니라 교회도 쓰고 유치원도 쓰는 수돗물인데도 그런 말이 나오니 좀 억울해지는 기분이 없는 것은 아니었습니다.

그러던 것이 여기로 이사해서는 기름 한 드럼만 부으면 족히 한 달을 따뜻하게 지내면서도, 전기세, 수도세 다 합해도 2만원 조금 넘게 나오니 마치 무슨 누명이라도 벗은 듯하지 않겠습니까? 적어도 그동안 사택에서 흥청망청 쓴 것이 아니라는 사실이 입증된 셈이고, 또 사택에서 흥청망청 쓴다는 소리는 더 이상 듣지 않게 된 것만 해도 어디냐 싶었습니다!

이런 이야기는 은퇴한 후 회고담에서나 할 내용이겠지만 이런 목회자의 애환을 알아두는 것도 목회를 이해하고 도와주는 한 방편이 되겠기에 슬며시 해보는 소리입니다. 그렇지만 이렇게 말하는 것도 혹시나 하고 부담을 가져야 하는 것이, 또한 목사의 애환이 아닐까요?

주차 양심

-아파트 공용주차장 주차선 안에 곱게 댄 차를
새벽 3시에 불러내서 빼게 하고는, 상대방 면전에서
그 자리에 자기 차를 대는 그 용기는 어디서 나오는 것이며,
그러고도 편히 잠 잘 수 있는 사람은 어떤 종류의 사람인가?-

그날 그러니까 지금 사는 아파트에 주차선을 다시 긋던 그 첫날, 주차선 안에 차를 댄 나는 참 홀가분한 마음으로 집에 들어왔습니다. 지정된 주차선 안에 주차를 했으므로 말썽이 날 여지가 전혀 없었기 때문입니다. 그런데 얼마 후 벨이 울려서 나가보니 자치회 회장인 분이 와서는 "왜 거기에 차를 댔느냐?"는 것이었습니다. 잘못된 것이 없다는 나의 설명에, '동천교회 차는 동천교회 차고에 대라!' 는 것이었습니다. 그래서 '나도 이 아파트 주민이기 때문에 아파트 주차장에 차를 댈 수 있을 뿐만 아니라, 지금의 동천교회는 우리교회가 아니기 때문에 이제 우리와는 아무 상관이 없노라' 는 나의 설명에 그는 매우 찜찜한 표정으로 돌아섰습니다.

문제가 터진 것은 그날 밤 새벽 3시경이었습니다. 전화가 울려 받으니 주차를 잘못했다고 그야말로 악악거리는 것이었습니다. 도리 없이 그 시각에 경황없이 내려가 보니 동네 이장이라는 이와 그 자치회 회장 부인이 나와 있는데, 회장 부인이 나를 보더니 다짜고짜 차를 빼라는 거였습니다. 해서 '나가려는 차가 있나?' 생각하고는 차를 빼고 나니 그 자리에 자기 차를 주차시키는 것이 아닙니까? 그러면서 왈, 이 주차선은 잘못 되었으니 전과 같이 해야 한다는 주장이었습니다.

나중에서야 깨달은 바이지만, 그 자리는 이 "가릴 수 없는 사람들"이 그네만의 자리로 쓰는 것을 주민들이 감히 거론하지 않아 암묵적으로 인정받은 자기들만의 전용 주차장이었는데, 자기네 전용으로 더 편히 쓰려고 세 대를 댈 수 있는 공간에 두 대만 댈 수 있게 선을 긋고 한 구역에는 주차금지 푯말까지 세워두었던 것이었습니다. 이런 속내를 전혀 모르는 목사가 그 자리에 떡 하니 교회 차를 주차했으니 그네들은 자기네만 쓰던 주차공간을 합법적으로 빼앗긴 셈이었고, 죽 끓여 거지 준 꼴이 되어, 결국 나는 새벽 3시에 끌려 나가는 테러(?)를 당한 셈이 되었던 것입니다.

나는 새벽 3시라도 얼마든지 차를 빼줄 용의는 있지만 이것은 지금도 이해가 안 됩니다. 아파트 공용주차장 주차선 안에 곱게 댄 차를 새벽 3시에 불러내서 빼게 하고는, 상대방 면전에서 그 자리에 자기 차를 대는 그 용기는 어디서 나오는 것이며, 그러고도 편히 잠 잘 수 있는 사람은 어떤 종류의 사람인가? 말입니다. 그것도 한때는 자기 자식을 보내던 유치원 원장에게 그렇게 할 수 있는 사람은 어떤 사람인지 도통 이해가 안 되었습니다.

그냥 솔직히 자기네 전용주차장이라고 말했다면 군말하지 않고 차를 뺏을 것입니다. 오리를 가자면 십리를 가주어야 경우가 이런 경우의 일을 두시고 하신 말씀이기 때문입니다. 그래도 초저녁에 왔을 때 "그 자리는 우리가 전용으로 쓰려고 그어 둔 곳이니 그곳에는 대지 마시오."라고 말하지 못한 것은 그래도 '양심' 때문이었겠지요?

치자 꽃 추억

-치자 꽃향기보다 더 향기로운 그 집사님의 교회 사랑과
순수한 교역자 사랑은 언제까지나 잊지 못할 것입니다.
올해도 순백의 치자 꽃 피고 치자 꽃향기 그윽하니
그리는 마음도 치자 꽃처럼 하얗게 피어납니다.-

어저께부터 치자 분들에서 부풀어 오르던 봉오리가 터져 치자 꽃들이 희디희게 피어나기 시작했습니다. 그 중의 하나를 골라 거실 안으로 들이자 집안은 온통 치자 꽃 향으로 가득해졌습니다. 호흡을 할 때면 마치 코끝에 치자 꽃향기가 묻어나는 듯합니다. 이 향기로운 치자 꽃을 처음 만난 것은 신학을 마치던 해 늦은 봄의 일입니다.

교육전도사로 섬기던 교회의 노(老)목사님은 신학을 졸업한 이튿날로 성남 농촌동(農村洞)의 삼사십 호나 될까 말까 하는 산기슭 외진 마을의 교회에 저를 내보냈습니다. 지금이야 분당의 개발로 번화한 도시가 되었지만, 그 때는 삼

십 고개를 막 넘어서는 한창 때의 걸음으로도 족히 이삼십 분은 걸어야만 버스를 탈 수 있는 외진 산기슭 마을이었습니다. 그 마을 집사님 댁 뒤편에 양계장을 개조하여 잘하면 한 이십여 평이 될 정도의 예배당에 삼십여 명의 성도들이 모이는 그런 교회였습니다.

그 교회에 몇 년을 중풍으로 누운 남편을 모신 육십이 넘으신 집사님이 계셨는데, 이 집사님의 간병(看病)은 보통일이 아니었습니다. 중풍으로 비대해진 남편을 일으키고 누이는 일에 허리며 팔다리가 남아나질 못했습니다. 그래서 가끔 허리며 팔의 통증을 호소하셨습니다. 이런 분이 제가 부임하자 아직 독신 교역자인 저를 위해서 찬거리를 대다시피 하셨습니다.

부임하던 그 해 신록이 짙어가는 어느 날, 이 집사님께서 소리하여 나가보니 그날은 찬거리와 함께 조그만 화분 하나를 들고 오셨습니다. 그것은 눈부신 하얀 꽃이 달린 치자 화분 이었습니다. 집사님이 하얀 꽃 몇 송이가 달린 그 치자분을 들고 들어오시자, 곧 방안은 치자 꽃향기로 가득해졌습니다. 그 날부터 순백의 치자 꽃 빛과 향기에 매료되어 치자를 기르기 시작했습니다. 그 후로 치자가 피는 몇 주간은 예배당 안에 치자 향으로 가득하게 되었습니다.

그 집사님 남편이 돌아가신 그해 여름은 참 유달리 더웠습니다. 풍에 드신지 8년 되던 그해 한 여름 폭염 속에 남편을 하늘나라로 보내시고 혼자되신 집사님은 그 다음해 큰 자제가 있는 미국으로 가셨습니다. 그리고 2년 후엔가 저도 지금의 교회로 옮겼습니다. 그 후 한 번 귀국하여 뵌 후로 인편(人便)으로 몇 번 그 집사님 소식을 듣다가, 양로원에 계신다는 소식을 들은 후 지금까지 그 집사님 소식을 접하지 못했습니다. 그러나 해마다 치자 분에 눈부신 흰 꽃이 필 때면 그 집사님의 모습과 사랑이 치자 꽃향기처럼 떠오릅니다.

치자 분을 가져오시던 그날, 허리의 통증을 호소하며 기도를 청하시고 기도를 받으시던 그 집사님은 지금 미국의 어느 하늘 아래서 고향교회를 그리고 계실는지! 아니면 살아나 계신지 알 수 없습니다. 그 집사님이 미국으로 떠나시기 전날 밤의 일입니다. 그날 밤 사택에 오신 집사님은 어떻게 재산을 정리하셨는지를 제게 설명하셨습니다. 그러시며, 그 교회에 토지를 드리고 돌아가신 권사님 이야기를 하시며, 당신도 그 권사님 같이 드리고 싶은 마음이 간절하지만 자손들 때문에 땅 한 평도 교회에 드리지 못하고 간다며 죄 송해 하셨습니다. 그리고 눈물을 닦으시며 기도를 부탁하셨 습니다.

마지막으로 기도를 받으시고 눈물을 훔치시며 사택을 나 가 뒤돌아보시고 또 뒤를 돌아보시며 댁으로 가시던 집사님 이 치자 꽃 필 때면 그리워집니다. 치자 꽃향기보다 더 향기 로운 그 집사님의 교회 사랑과 순수한 교역자 사랑은 언제 까지나 결코 잊지 못할 것입니다.

올해도 순백의 치자 꽃 피고 치자 꽃향기 그윽하니 그리 는 마음도 치자 꽃처럼 하얗게 피어납니다.

가장 좋은 교회

-세상에 처한 성도들의 실존적 상황은 그 무엇보다도 '
어진 목자'를 필요로 합니다. 우리 가정을 개인적으로 알고
말씀과 기도로 나와 내 가정의 영원한 행복과 복리를 위하여
진심으로 헌신해주는 목자 -진정으로 우리 목사님이라 부를 수 있는' -가
있는 교회가 내게는 최고의 교회이지요.-

그 마음에 시온의 대로가 있는 자는 눈물 골짜기로 통행
할지라도 많은 샘의 곳이 된다는 말씀대로 광야 같은 세상
에서 교회 없는 인생은 상상할 수도 없습니다. 그러기 때문
에 진정한 의미에서 우리는 좋은 교회를 찾아야 하고 좋은
교회를 만나야 합니다. 많은 사람들이 건물이나 시설, 모임
의 다수, 좋은 메시지, 프로그램 등에서 좋우 교회를 찾으려
는 경향이 있습니다만, 좋은 교회를 결정하는 것은 하나님
이 이 땅에 교회를 세우신 목적에서 찾아야 합니다.

이런 면에서 좋은 교회는 어떤 교회입니까?

첫째, 성경의 구원의 계시에 정통(精通)하여 구원의 문제를 확실하게 붙잡게 해주는 교회가 가장 좋은 교회입니다.

즉 어디서 영원을 보낼 것인가와 어떤 영원을 보낼 것인가를 확실하게 붙잡게 하는 교회여야 한다는 것입니다. 성경을 주신 목적이 구원이며, 교회를 세우시고 그 교회에 목사를 주심도 구원 목적입니다. 교회 나가면서 구원받지 못하거나 큰 구원을 흘러 떠내려 보내는 비극은 없어야 합니다. 따라서 강단에서 이 구원을 선포하는 것이 아니라, 무슨 에세이 같은 말씀을 전하거나, TV에서 명사들이 하는 이야기와 같이 그냥 삶에 유익하고 좋은 이야기만 하는 교회는 결코 좋은 교회가 아닙니다. 좋은 교회는 성경의 구원계시를 밝히 증언하는 하나님의 구원의 말씀을 들을 수 있는 교회입니다.

둘째, 좋은 교회는 내가 헌신할 수 있는 봉사의 몫과 자리가 있는 교회입니다.

우리는 하나님 나라의 선한 일에 봉사하도록 구원 받았고, 그것이 구원 받은 성도의 본성입니다. 봉사해야 내 영이 만족하고 성장합니다. 세상에 제아무리 훌륭한 교회라도 거기에 내가 봉사하여 섬길 내 몫과 은혜의 자리가 없다면 내게는 좋은 교회가 아닙니다. 그러므로 교회를 찾는다면 익명의 교인으로 손님처럼 있을 교회가 아니라 봉사할 교회를 찾아야 하고 봉사를 필요로 하는 교회를 찾아야 할 것입니다. 물론 이때도 나로 인하여 교회가 덕을 본다는 시은자(施恩者)의 자세가 아니라, 주께서 내게 섬김의 기회와 은혜를 주시는 것을 감사하고 은혜를 받겠다는 겸허한 수은자(受恩者)의 자세로 나가야 마땅할 것입니다.

셋째, 담임목사가 자신과 가정을 위한 어진 목자로 있는 교회입니다.

하나님은 광야 같은 세상을 지나는 동안 자기백성들에게 목회적 돌봄이 필요하다는 것을 아서서 교회와 목사를 주셨습니다. 세상에 처한 성도들의 실존적(實存的)상황은 그 무엇보다도 '어진 목자'를 필요로 합니다. 우리 가정을 개인적으로 알고 말씀과 기도로 나와 내 가정의 영원한 행복과 복리를 위히여 진심으로 헌신해주는 목자-진정으로 우리 목사님이라고 부를 수 있는-가 있는 교회가 내게는 최고의 교회이지요. 당신이 어진 목자를 원하느냐, 아니냐? 이것이 관건입니다. 당신이 어떤 목사에 긍지를 느끼고 있느냐가 당신의 원하는 목사와 교회를 보여주는 시금석이 될 것입니다.

이런 점에서 당신은 이런 가장 좋은 교회를 옆에 두고 좋은 교회를 찾아 헤매는 영적 집시는 아닙니까? 그리고 크고 좋은 교회를 찾기보다 좋은 교회를 만드는 교인, 좋은 교회 찾기 전에 내가 좋은 교인되는 것이 축복이 아닐까요? 스펄전이 지적한 대로 지상에 온전한 교회는 없지만, 당신이 그 교회에 들어가는 순간, 온전한 교회가 온전치 못한 교회가 될 수도 있다는 사실을 기억합시다.

진정으로 좋은 교회를 찾으시려면 이 기준을 적용하시어 눈물 골짜기에서 많은 샘의 곳이 되는 교회를 만나시기를 바랍니다. 이 기준을 적용하면 대부분은 좋은 교회들이라고 나는 믿습니다. 우리 은혜로교회도 그중에 하나일 뿐이며, 제일보다는 좋은 교회를 지향(指向)하는 교회로 있기를 힘쓰고 있는 교회일 뿐입니다. 그리고 좋은 교회로 여러분 곁에 항상 있을 것을 다짐합니다.

새벽에 온 사역자(?)

-이게 바로 자기 의에 빠져 영적 나르시즘(narcissism)에
흠뻑 빠져 있는 것이 주관적 신앙의 특징입니다.
주관주의 신앙의 특징은 자기를 가르치고 판단하는 자리에 있게 하고,
영적 비실재에도 불구하고 자기를 훌륭한 신앙인으로 착각하여
영원을 잃게 하는 것입니다.-

요즘 저는 기간을 정하고 기도한다며 교회에서 자고 있는 중입니다. 오늘 새벽, 기도회 시간이 되어 교회에서 내려와 세수를 하고 옷을 갈아입고 다시 본당에 올라가 에어컨을 켜고 자리에 앉았습니다. 그때 문이 열리며 수염이 가득한 남자 한 분이 들어 왔습니다. 등에는 배낭을 무겁게 메고 양 손에 보따리를 든 이 남자 분은 들어오더니 가까운 곳에 앉 는 것이 아니라 굳이 유아실 쪽으로 가서 의자가 아닌 바닥 에 앉는 것이었습니다.

첫 인상은 흔히 보는 노숙인 이었지만 분명 일반 노숙인 들과는 행색이나 분위기가 다른 노숙인(?)으로 보였습니다.

예배드리러 왔다며 바닥에 무릎을 꿇고 앉아 있는 것이 마음에 걸려서 다시 가서 의자에 앉을 것을 권했지만 듣지 않았습니다. 그런데 이분이 새벽기도회 시간에도 말씀을 듣기보다는 엎드려 무언가를 열심히 하고 있는 것 같았습니다.

드디어 새벽기도회를 마치고 개인 기도를 끝내고 내려와 앰프를 끄자 이분이 기다렸다는 듯이 저를 따라 왔습니다. 계단을 내려오며 보니 신발을 신지 않아서 신발이 없으시냐고 묻자, 밖에 벗어 두었다며 화장실에 들렀다가 간다며 화장실에 들어갔다 나오더니, 자기는 "사역(使役)을 하기 위하여 왔다"며 이 교회는 새벽에 남자 성도는 없고 여자성도들뿐이라며 다른 교회에는 말씀을 주고 가지만, 이 교회는 그냥 자기가 쓴 것만을 주고 가겠다며 정자(正字)로 빽빽하게 쓴 노트 한 장을 찢어 내게 주고는 떠났습니다. 거기에는 교회들이 여자 성도들을 부추겨 남편의 권위를 부정하는 사탄의 일을 하고 있는데, 작은 교회일수록 그런 현상이 심하다는 비판과 정죄의 글로 가득했습니다.

결국 그는 불시에(?) 교회들을 방문해서 그 교회를 분별해서 그 교회가 어떤 교회인지를 말해주는 사역을 하는, 마치 선지자(先知者)와 같은 자기로 인식하고 있었다는 것입니다. 그가 쓴 글의 내용이나 용어로 보아 신학의 물을 조금 먹었거나 아니면 어떤 형식으로든 목회에 조금은 입문한 적이 있는 이 같았습니다. 저는 현관에 선 채로 그 노트 조각을 읽으며 제멋에 산다지만 제멋으로 하는 신앙생활도 가지가지라는 것을 실감했습니다.

그는 자기를 선지자와 같은 사역자로 알고 있지만 누가 그를 사역자로 세웠나요? 하나님이시라고 하겠지만 교회의 부름이 없다면 그는 부름 받은 사역자가 아닙니다. 그는 자신을 교회를 판단하는 자로 알고 있지만 하나님은 "남의 종을 판단하는 너는 누구냐"고 하실 것입니다(롬 14:4). 비판의 영(靈)에 붙잡힌 영은 자기를 하나님과 모세의 자리에 있게 하고, 자기를 의롭게 여기는 영임을 그는 알까요? 그날 새벽기도회에 남자가 없다는 것이 왜 그에게는 여자들을 부추거 남편의 권위를 부정하게 하는 사탄의 일을 하는 교회라는 판단의 근거가 되는지도 알 수 없었습니다. 그럼에도 그는 '선지자와 예수님의 사역을 받아들이지 못하던 유대인들같이 자기 사역을 받지 못하는 교회도 있다' 며 의로운 선지자 의식으로 가득해 있었습니다.

이게 바로 제멋에 겨운 신앙의 특징이 아니겠습니까? 자기 의에 빠져 영적 나르시즘(narcissism)에 흠뻑 빠져 있는 것이 주관적 신앙의 특징입니다. 인생은 제멋에 산다지만 신앙은 제멋이 아니라 철저하게 객관적(客觀的)이라는 것을 알아야 하는데, 주관주의(主觀主義) 신앙의 위험성을 마태복음 7장 21-27절은 생생하게 보여 주고 있습니다. 이 주관주의 신앙의 특징은 자기를 가르치고 판단하는 자리에 있게 하고, 영적 비실재에도 불구하고 자기를 훌륭한 신앙인으로 착각하여 영원을 잃게 하는 것입니다.

불행하게도 모든 성도들에게는 주관으로 기우는 경향(傾向)이 내재하고 있습니다. 그러므로 우리는 내 신앙이 제멋에 겨운 신앙에 기울지 않도록 부단히 주관적인 자기를 복종해야 합니다. 그리고 그 기준은 성경임을 늘 잊지 맙시다. 그날 새벽 제멋에 겨운 신앙의 극치를 보는 것 같아 왜 그런지 씁쓸했지만, 그래도 저는 새벽기도 하는 남자 성도가 없다—그 날은 없었지만—는 지적을 제 목회에 대한 주님의 말씀으로 겸허히 아프게 받아들입니다. 주님은 말 못하는 나귀로도 말씀하시기 때문입니다.

왜 수건을?

-샤워한 후에 수건이 없어 닦을 수가 없으면 어떤 기분이겠습니까?
그리스도인이 알고 확신하는 바를 행하지 않고 회개하지 않는 것은
이렇게 우리 마음을 찜찜하게 하고 끈적이게 하고,
이것이 마음의 평안을 모르게 합니다.
그러므로 믿음은 깨닫고 회개하는 것이며
듣고 알고 믿는 바를 행하는 것입니다.-

지난 화요일에 있었던 일입니다. 그날 작업(이전할 교회를 수리하는)을 마치고 세수를 하고 수건을 찾았지만 수건을 걸어둔 곳에 수건이 없었습니다. 몇 번을 찾아보아도 수건이 보이질 않았습니다. 그제야 수건이 없어졌다는 사실을 깨달았습니다. 누군가가 들어왔다면 2시경에 백(白) 시멘트를 사려 철물점에 갔을 때일 것입니다. 오후에 약속된 작업을 하기 위해 오실 분 있어서 문을 잠그지 않고 철물점에 갔었기 때문입니다. 그러므로 누군가가 가져갔다면 그때 들어왔을 것입니다.

이에 생각이 미치자 '왜 그분은 수건을 가져갔을까?' 라는 생각이 들었습니다. 값나가는 물건은 아예 없지만 그래도 무엇을 가져가려고 했다면 커피포트도 있고 전동공구도 있는데, 왜 쓰던 수건 한 장을 가져갔는지, 그리고 어떤 사람일지가 궁금했습니다. 이런 생각을 하다 참 안쓰러운 마음이 들었습니다.

아마 어떤 지나가던 더위에 지친 노숙인이 들어와 보았다가 문고리에 걸려있는 보송보송한 수건을 보고는 잘 되었다 싶어 걷어가지 않았을까? 날로 무더워지는 날씨에 시원하게 씻을 곳도 마땅치 않고 씻어도 물기를 닦아낼 깨끗한 수건도 없어서 늘 몸이 끈적이는 처지에 문에 걸린 깨끗한 수건 한 장은 참 반가운 물건일 수도 있고 그 수건만큼 꼭 필요한 물건도 없었으리라는 생각이 들었기 때문입니다.

이제 곧 초복입니다. 무더위는 날로 더하여 하루에도 몇 번씩 씻고 샤워해야 할 때입니다. 샤워한 후에 수건이 없어 닦을 수가 없으면 어떤 기분이겠습니까? 그리스도인이 알고 확신하는 바를 행하지 않고 회개하지 않는 것은 이렇게 우리 마음을 찜찜하게 하고 끈적이게 하고, 이것이 마음의 평안을 모르게 합니다. 그러므로 믿음은 깨닫고 회개하는 것이며 듣고 알고 믿는 바를 행하는 것입니다.

"너희는 내게 배우고 받고 듣고 본 바를 행하라 그리하면 평강의 하나님이 너희와 함께 계시리라"(빌 4:9). 다른 물건보다 보송보송한 수건이 필요했던 그 손님(?)과 같이 당신 영에 이 수건 한 장의 필요성이 간절하지는 않으십니까?

부흥 시동 걸기

-부흥을 체험하려면 먼저 자신의 영적 체온을 올려 주는
작업이 선행돼야 합니다. 기도와 말씀과 찬양은
영혼의 온도를 올려주는 영혼의 연료입니다.
하나님 앞에서 기도의 불을 때시고 말씀과 찬양으로 시간을 보내십시오.
그러면 하나님께서 내게 성령의 빛을 비추고 계신다는
따뜻함이 올 것입니다. 그때 부흥의 키를 넣고 힘차게 키를 돌립시다.-

추위가 맹위를 떨치던 지난 월요일 오전에 외출하기 위하여 차에 올라 키를 꼽고 예열을 한 후에 시동을 걸었습니다. 전 같으면 마치 탱크 소리 같이 요란한 소리를 내며 몸을 떨며 시동이 걸릴 차가 몇 번 푸득거리다가 빌빌대며 시동이 걸리지 않았습니다. 일 분쯤을 기다려 전력이 라디오나 다른 데로 가지 않는 걸 재확인하고 다시 키를 돌렸지만, 이번에는 모터가 더 약하게 돌 뿐 시동이 걸리지 않았습니다. 한 번 더 시도하려다가 포기하고 오후에 기온이 오른 후에 시동을 걸기로 했습니다. 왜냐하면 작년 겨울 이런 현상이 있어서 배터리를 교환했기에 배터리가 부실한 것이 아니라는

생각이 들었고, 그래서 한 번 더 시도하면 배터리만 방전될 것이고 판단했기 때문이었습니다.

　보험 서비스를 불러서 시동을 걸 수 있었지만 시간이 늦을 것 같아 들어와 약속을 다음날로 미루었습니다. 점심을 해결하고 오후 3시경에 나가서 예열을 하고 키를 돌리자 노후(老朽)차 특유의 시끄러운 엔진소리를 내며 한 번에 시동이 걸렸습니다. 배터리를 충전시킬 겸해서 마트에 나가 일을 보고 시내를 한 바퀴 돌아 돌아와 차를 세워 두었다가 다음날 오전 약속 장소에 나가기 위하여 시동을 걸자 아무런 문제없이 시동이 걸렸습니다. 문제없이 시동이 걸리자 제 판단이 적중했다는 기분 좋은 느낌에 사로잡혔습니다. 바닷물마저 얼리는 이번 추위에 96년형 노후차를 토요일에 한번 운행하고 주일 하루를 세워만 두어 잔뜩 얼어있는 차가 시동이 걸리겠습니까? 그래서 기온이 올라가서 차 안이 온실효과로 따뜻해졌을 때 시동을 걸자고 생각했고 그 판단이 적중했던 것입니다.

　저는 우리 심령을 부흥케 하는 것도 이것과 통하는 데가 있다고 생각합니다. 맹추위가 자동차를 얼게 해서 시동이 잘 걸지 않는 것과 같이 얼어붙은 마음은 부흥의 시동을 걸기가 어려운 법입니다. 추위보다 싸늘한 세파라는 한파에 얼어버린 냉랭한 가슴, 죄와 세상 사랑으로 식어진 차가운 마음과 상처받은 싸늘한 영혼은 얼어버린 노후 차와 같이 좀처럼 부흥의 시동이 걸리지 않습니다. 따라서 부흥의 엔진을 돌리는 데는 먼저 시간을 두고 자신의 영적인 온도를 올려주는 워밍업을 해 주어야 합니다. 침체된 영혼을 끌어올리기 위해서는 마음의 방에 군불을 넣어주어야 한다는 것입니다.

청교도 윌리엄 거널이 "침체된 영혼을 끌어올리는 것은 마치 큰 종을 종각에 매다는 작업과 같고, 뇌조가 날기 위해서는 날개를 펴고 전력으로 지상을 달려야 날아오를 수 있는 것 같다."라고 한 말이 이런 의미일 것입니다.

따라서 이번 신년 말씀집회에서 부흥을 체험하려면 먼저 자신의 영적 체온을 올려 주는 작업이 선행돼야 합니다. 기도와 말씀과 찬양은 영혼의 온도를 올려주는 영혼의 연료입니다. 하나님 앞에서 기도의 불을 때시고 말씀과 찬양으로 시간을 보내십시오. 그러면 하나님께서 내게 성령의 빛을 비추고 계신다는 따뜻함이 올 것입니다. 그때 부흥의 키를 넣고 힘차게 키를 돌립시다. 엔진의 기화기가 폭발하듯 그때 당신의 영에 부흥의 엔진이 시동할 것입니다. 부흥은 내 마음의 영적인 온도가 올랐을 때 시동이 걸리는 엔진입니다.

지금 당신은 준비되셨습니까? 그러면 이제 다 같이 부흥의 시동을 겁시다. 그리하여 이번 신년 말씀집회에서 당신의 영혼이 은혜의 하늘로 마음껏 날아오르고 부흥의 가도를 달리시기를 기대합니다.

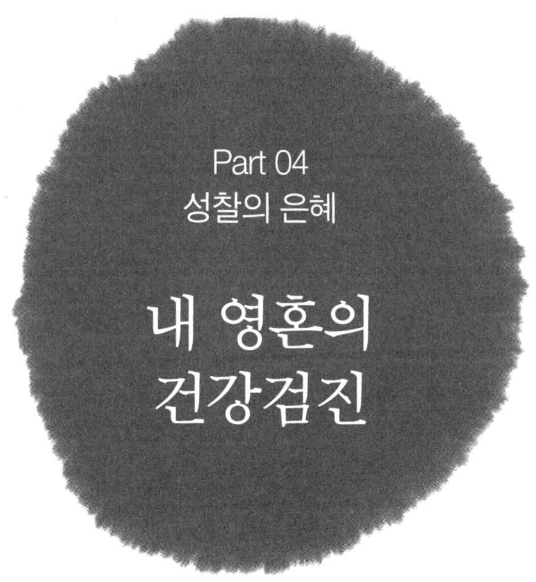

"혹시 누군가가 내 인생이라는 책의 페이지를 읽어본 사람이면
오랫동안 가슴속에 남아있어 사랑하는 사람이면
한번쯤 읽어 보라고 권할 수 있는 책이 되기를 원하며
그런 책과 같은 사람으로 남기를 소망합니다."

- 본문 중에서-

오죽을 기르며

-사람도 오죽 같이 날 때부터 그렇게 태어나는 것이 아니라
만들어진다는 것입니다. 그리고 사람이 대나무 같이
고고하고 청정한 인격을 지니게 되는 것은 허물이 없어서가 아니라,
대나무가 수시로 속잎을 낙엽 지우므로 항상 청청한 빛을 유지하듯
사람이 허물을 부끄러워하고 수시로 허물을 버림으로써
댓잎 같은 인격을 이루고 유지할 수 있다는 것입니다.-

저는 대나무를 참 좋아합니다. 대나무를 좋아하는 데는 우선 고향집 뒤뜰에 대밭이 있었기 때문일 것입니다. 뒤뜰의 대숲은 어린 시절의 아름다운 추억이 깃든 장소이며, 그늘 푸른 대숲은 일종의 신비감과 정서적 안정감을 느끼게 해주었습니다. 그래선지 집 뒤에 대숲이 둘러있는 정경은 언제나 제 마음을 사로잡습니다. 지금도 여행길에 대숲이 있는 집을 보면 마음이 포근해지고 그렇게 정겨울 수가 없습니다. 이렇게 제겐 대나무에 대한 짙은 향수가 자리하고 있습니다. 이 향수가 교회 화단에도 힘들여 대나무 조경을 하게 만들었을 것입니다.

이런 제게 여러 해 전에 교인 한 분이 오죽(烏竹) 분재를 가져 오셨습니다. 대나무를 좋아해서 대나무 분재를 가지고 싶어 하던 제게 오죽분재라니 이런 호사가 어디 있겠습니까? 제가 얼마나 그 오죽 분을 애지중지 했을지는 안 봐도 눈에 선하실 것입니다. 이렇게 기른 오죽분이 둘이 되었고, 지금은 넷이 되었습니다.

이 오죽을 기르며 미처 몰랐던 사실을 알게 되었습니다. 그 첫째가 오죽은 처음부터 오죽이 아니더라는 사실입니다. 저는 오죽은 죽순이 나올 때부터 검을 줄로 알았는데, 사실은 죽순이 나오고 일 년 정도는 일반 대나무와 똑같이 푸르다가 빛이 서서히 검게 변해서 오죽이 되었습니다. 또 하나는 대나무는 상록수이지만 겨울 한철만 빼고는 항상 낙엽이 진다는 사실입니다. 이것이 여간 성가신 것이 아닙니다. 고고하고 청청한 대나무가 수시로 낙엽이 진다는 것은 조금은 실망스러운 것이었습니다.

제가 여기서 깨달은 것이 있는데, 사람도 꼭 이 오죽과 같다는 사실입니다. 사람도 오죽 같이 날 때부터 그렇게 태어나는 것이 아니라 만들어진다는 것입니다. 그리고 사람이 대나무 같이 고고하고 청정한 인격을 지니게 되는 것은 허물이 없어서가 아니라, 대나무가 수시로 속잎을 낙엽 지우므로 항상 청청한 빛을 유지하듯 사람은 허물을 부끄러워하고 수시로 허물을 버림으로써 댓잎 같은 인격을 이루고 유지할 수 있다는 것입니다. 옛적 선비들이 대나무를 가까이하고 즐겨 그린 것이 이런 까닭이 아닐까 생각합니다.

낙엽의 계절입니다. 만산홍엽(滿山紅葉)일 때 더욱 그 빛이 푸르른 댓잎을 보며 벌써 지워버렸어야 할 자기의 허물을 지금까지 지우고 버리지 못한 것이 없는지를 성찰하는 것이 어떠실까요? 허물은 버리는 것이 아니라 감추는 것이 부끄러운 일이며, 허물을 버리는 것이 참된 그리스도인의 빛을 가지게 할 것이기 때문입니다. 그리스도인들은 믿음으로 대나무와 같이 부단히 허물을 버리므로 온전해 지는 사람들입니다.

"이는 큰 환난에서 나오는 자들인데 어린양의 피에 씻어 희게 하였느니라"(계 7:14). 허물이 없는 이가 아니라 허물을 많이 버린 사람이 하나님의 아들이라 일컬음을 받는 성자의 특성이 아니겠습니까?

내 영혼에 끼는 먼지

-내 영혼도 마찬가집니다.
정(淨)한 것 같아도 부정한 어쩔 수 없는 죄인이며,
죄는 가만히 있어도 생기는 먼지처럼 내 안에서 스스로 발생하고
잘되는 자멸의 성향을 보이고 있기 때문입니다.
오히려 먼지를 괴로워하면서 영혼에 끼는 죄에 민감하게
알레르기를 하지 못하는 것이 부끄러웠고,
죄를 두고는 못 견디는 다윗의 영성이 부러웠습니다.-

경이로움을 느끼게 하는 것은 장엄하고 신성한 것만이 아니라는 것을 요즘 실감나게 깨닫게 해주는 것이 있습니다. 웃을지 모르겠습니다만 그게 '먼지' 라는 것입니다. 아시다시피 교회 아래층에 제 주거 공간이 있습니다. 아직 사택이 빠지지 않아서 여기에 임시로 독거(?)하는 중이기 때문에 필연 청소의 의무를 가집니다. 이 의무를 이행하다보니 먼지에 새삼 경이로움을 느끼게 되었습니다.

그 첫째 경이로움은 걸레를 빨 때 느끼는 놀라움입니다.

방에 먼지가 없는 것 같아도 청소기를 돌리고 걸레질을 하
고 그 걸레를 빤 물을 보면 온통 먼지투성이입니다. "아니
먼지가 이렇게 많았나?" 하며 놀라게 됩니다. 더럽지 않은
것 같은 데도 더러웠다는 것입니다.

둘째 경이로움은 왜 그렇게 많은 먼지가 끼는지를 알 수
없다는 점입니다. 나 혼자만의 공간이라 주일 하루 외에는
아이들이 뛰거나 사람의 출입도 잦지 않고, 실내에서 먼지
를 일으키고 오염시킬 만한 행위도 거의 없습니다. 그럼에
도 불구하고 일주일에 몇 번씩 청소기를 돌리고 걸레질 하
지 않으면 안 됩니다. 도대체 가만히 있는 것 같은데도 먼지
가 어디서 생기는지 신기할 정도입니다.

셋째 경이로움은 치워도, 치워도 여전히 먼지가 있고, 그
래서 청소의 필요성이 상존한다는 점입니다. 저는 몇 년 전
에 알레르기 비염이 생겼습니다. 특히 먼지에 민감하게 반
응합니다. 그래서 먼지를 못 견디기 때문에 청소를 자주할
수밖에 없습니다. 그런데도 먼지는 여전하고 알레르기를 일
으킵니다. 교회가 아파트 마당 밑에 있고 대로 아래에 위치
해서 먼지가 더 많은 것 같습니다.

이렇게 먼지에 놀라고 먼지를 괴로워하다 자기 영혼에 낀 죄라는 먼지를 괴로워하는 다윗의 고백이 상기되었습니다. "죄가 나의 머리털보다 많으므로 내가 낙심하였음이니이다"(시 40:12), "내 죄가 항상 내 앞에 있나이다"(시 51:3). "주의 손이 주야로 나를 누르시오니 내 진액이 빠져 여름 가뭄에 마름같이 되었나이다"(시32:4) "내 죄악이 내 머리에 넘쳐서 무거운 짐 같으니 내가 감당할 수 없나이다"(시38:4)

내 영혼도 마찬가집니다. 정(淨)한 것 같아도 부정한 어쩔 수 없는 죄인이며, 죄는 가만히 있어도 생기는 먼지처럼 내 안에서 스스로 발생하고 잘되는 자멸(自滅)의 성향을 보이고 있기 때문입니다. 오히려 먼지를 괴로워하면서 영혼에 끼는 죄에 민감하게 알레르기를 하지 못하는 것이 부끄러웠고, 죄를 두고는 못 견디는 다윗의 영성이 부러웠습니다.

해토가 되며 안개가 많이 발생하고 바람이 심해서 먼지가 많이 이는 계절입니다. 호흡기를 염려해야 하는 계절이지만 호흡기보다 영혼에 끼는 먼지인 죄를 더 염려하고 괴로워하는 성결의 영성을 사모해야 하지 않겠습니까? "잎새에 이는 바람에도 괴로워" 했던 저 시인의 마음으로 "영혼에 이는 바람이 일으키는 죄"를 괴로워해야 하겠습니다.

"하나님이여 내 속에 정한 마음을 창조하시고 내 안에 정직한 영을 새롭게 하소서"(시 51:10).

낙엽 열한 자루

-영혼을 청소하는 것은 결코 미루어서는 안 됩니다.
낙엽을 치워도 또 떨어져 소용없는 것 같아도
계속 치우면 결국은 치워지는 것 같이,
매일 회개하면 죄는 죽고 성결(聖潔)해집니다.
성결은 낙엽 치우기와 같은 평생의 씨름입니다.
그러나 가끔은 영혼의 대청소가 필요한 것이 인생이지요.
회개해도 결국 쌓인 죄가 있기 때문입니다.-

지난 월요일과 화요일 양일간에 그동안 별러 오던 낙엽을 치웠습니다. 교회 뒤편과 잔디를 심은 곳에 쌓여 있던 낙엽을 쓸어 모아 부대에 담으니 무려 열한 자루나 되었습니다. 작년 가을 낙엽이 지기 시작하자 낙엽을 치우는 것이 일과가 되어버렸습니다.

이 낙엽을 치우는 일을 해보니 이게 끝이 없습니다. 아침에 치우고 오후에 보면 언제 낙엽을 치웠냐는 듯이 낙엽이 떨어져 있습니다. 전혀 청소를 하지 않는 것 같이 되어 청소를 하는 작업을 무의미하게 만들어 버렸습니다.

이것이 저를 지치게 하고 꾀를 내게 했습니다. 그래서 낙엽이 다 떨어지면 한꺼번에 치우기로 했습니다. 그렇게 하면 낙엽이 쌓인 가을의 정취도 즐길 수도 있고, 낙엽이 마른 후에 치우면 부피도 줄 것이기 때문에 자루가 적게 들어 더 경제적이라는 계산까지도 했습니다. 아닌 게 아니라 이렇게 낙엽이 쌓이게 두므로 지난 가을에는 지금까지 보지 못한 황홀한 경험을 하기도 했습니다.

교회 뒤편에 있는 나무들은 한 그루 빼고는 다 단풍나무들입니다. 하루는 낙엽이 얼마나 쌓였나 뒤에 나가보니 아기 손과 같은 귀여운 빨간 단풍잎이 좁다란 뒤뜰을 덮고, 그 위에 비치는 저녁 햇살을 받아 황홀한 빛을 발하고 있었습니다. 마치 땅바닥에 단풍잎이 핀 것 같은 착각이 들 정도였습니다. 탄성이 절로 나왔습니다. 낙엽이 더 쌓이면 더 아름답겠다 싶어 며칠 후에 카메라를 들고 나가보니 단풍낙엽은 말라 오그라들어 참담한 모습을 하고 있었습니다. 참 허망했습니다.

그리고 문제가 생겼습니다. 이 단풍나무는 낙엽이 가을에 한꺼번에 다 떨어지는 것이 아니라 겨울에도 여전히 마른 잎을 달고 있다는 것입니다. 따라서 낙엽을 초겨울에 한꺼번에 치울 수가 없었습니다. 겨우내 낙엽과 씨름해야 했습니다.

결국 낙엽을 몇 군데에 쓸어 모으며 낙엽이 다 지기를 기다리다 보니 눈이 내리고 얼어버려 겨울 동안 낙엽을 치우지 못하고 봄을 기다리게 되었으니 큰 일거리가 되어버렸습니다. 이렇게 해서 치운 낙엽이 무려 열한 부대가 되었던 것입니다.

이 낙엽 열한 자루를 쌓아 놓고 느낀 것이 있습니다. 내 안에 죄를 치우는 작업이 꼭 이 낙엽 치우기와 같다는 것입니다. 낙엽을 치워도 여전히 낙엽이 떨어져 치우지 않은 것 같이 되고, 이것이 치우기를 지치게 만드는 것과 같이 회개도 꼭 그렇다는 것입니다. 회개하고 치워도 여전한 자기에 실망도 하고 지치게 됩니다. 그래서 낙엽을 한꺼번에 치우려는 것과 같이 회개를 게을리 하다가 결국 큰맘을 먹지 않으면 안 되고, 큰 결단을 요구하는 회개를 만들고 있다는 것이지요.

　그러므로 영혼을 청소하는 것은 결코 미루어서는 안 됩니다. 낙엽을 치워도 또 떨어져 소용없는 것 같아도 계속 치우면 결국은 치워지는 것 같이, 매일 회개하면 죄는 죽고 성결(聖潔)해집니다. 성결은 낙엽 치우기와 같은 평생의 씨름입니다. 그러나 가끔은 영혼의 대청소가 필요한 것이 인생이지요. 회개해도 결국 쌓인 죄가 있기 때문입니다.

　사순절은 이런 죄를 치우는 대청소 기간입니다. 이번 세이레 새벽기도회는 이런 영혼의 대청소 기간이요, 내 영혼에 지난 가을과 겨우 내내 쌓인 죄악의 낙엽을 쓸어내는 기회입니다. 사순절 은혜로 순례 첫 일정인 세이레 새벽기도회가 이런 영혼의 대청소 기간이 되시기를 바랍니다. 쌓인 낙엽 열한 자루를 보며 영혼의 대청소를 기대하는 것은 이 목사의 마음만이 아니라 주님의 심정이실 것으로 믿습니다. 주님이 우리 죄를 위하여 죽으시고 다시 사신 분이시기 때문입니다.

고양이를 장사하며

-비위가 썩 좋은 편이 못되는 저에게 그 고양이 치우는 일이
얼마나 고역이었겠습니까? 그 고역을 치르고 엔진룸을 청소하면서
제가 문득 부끄러워졌습니다. 그 고약한 냄새에도 불구하고
즉시 점검을 한 것이 아니라 견딜 수 없는 수준에 이르기까지
미루었다는 사실 때문입니다.-

몇 주 전, 사택에서 교회로 돌아오기 위하여 운전석에 오르자 차 안에서 묘한 냄새가 났습니다. 그 불쾌한 냄새의 원인을 운전석에서는 찾을 수가 없었습니다. 그래서 시동을 걸고 창문을 열고 환기를 하고 돌아왔습니다. 그리고 며칠 후에 차를 운행하려고 차 문을 열려는 순간 또 그 냄새가 확 났습니다. 그래서 차가 노후 된 데다 장마철이기 때문에 냄새가 나는 줄 알고 일상점검을 한 번 해야겠다고 생각했습니다. 그러나 차량 운행을 마치면 바쁜 일정 때문에 점검은 자꾸만 미루어졌습니다.

그렇게 차일피일하는 중에 냄새는 더 심해지지고 더 미룰

수 없는 지경이 되었습니다. 그래서 그날은 차에서 내리는 즉시 옷도 갈아입지 않고 차량을 점검하기 시작했습니다. 먼저 운전석을 살피고 청소를 한 후에 뒤쪽을 샅샅이 뒤져보았지만 냄새나는 물건을 찾을 수가 없었습니다. 그래서 엎드려 차체 하부를 한번 살펴보고는 마지막으로 엔진룸을 열었습니다. 엔진룸을 올리는 순간 엔진의 더운 기운과 함께 '훅' 하고 역한 냄새가 올라왔습니다. 순간 제 눈을 의심했습니다. 거기 엔진 위에 웬 새끼고양이 한 마리가 죽어있었던 것입니다.

엔진 위에 죽어있는 고양이를 보는 순간 몇 주 전 아침의 일이 떠올랐습니다. 새벽기도를 마치고 내려와 창문을 열어 환기를 하며 성경을 읽고 있었습니다. 빗소리를 들으며 성경을 읽는데 밖에서 새끼 고양이 울음소리가 들려왔습니다. 점점 빗소리가 굵어져서 창문을 닫고 성경에 열중하는데도 고양이는 계속 울어 대습니다. 그 울음 소리가 밖에 대둔 차 쪽에서 나는 것 같아 고양이가 비를 피하기 위하여 차 밑에 들어가 있나보다 생각했습니다. 그러다 계속되는 고양이 울음소리에 결국 궁금증을 참지 못하고 문을 열고 나가자 고양이 울음은 들리지 않았습니다. 우산을 받쳐 들고 차 밑을 살폈지만 고양이는 없었습니다.

아마도 그 고양이는 비를 피하려고 차 밑에 들어가 있다가 사람이 나오는 소리에 엔진룸으로 올라간 것 같습니다. 올라갔다 끼어서 내려오지 못하고 죽었는지, 아니면 엔진 위에 있다가 갑자기 시동을 걸고 차량을 운행하니 겁이 난 고양이가 미처 내려오지 못하여 뜨거운 엔진 열과 배기가스로 인해서 엔진 위에서 죽었던 것 같습니다.

어쨌든 장마철에 그것도 뜨거운 엔진 위에서 죽어 몇 주를 보낸 고양이 사체의 형편은 가히 상상에 맡기겠습니다. 뜨거운 엔진 위에 죽어간 고양이를 생각하면 너무 마음이 안 돼서 그 고양이 사체를 거두어 잔디밭 구석에 묻어 주었습니다. 비위가 썩 좋은 편이 못되는 저에게 그 죽은 고양이 치우는 일이 얼마나 고역이었겠습니까? 그 고역을 치르고 엔진을 청소하면서 제가 문득 부끄러워졌습니다. 그 고약한 냄새에도 불구하고 즉시 점검을 한 것이 아니라 견딜 수 없는 수준에 이르기까지 미루었다는 사실 때문입니다.

그 지경까지 미루지 않았다면 치우기에 덜 고생을 했을 것입니다. 이것이 더 큰 대가를 치르며 자신을 고치게 만들고, 이것이 우리가 더 성결하고 주님 가까이 가지 못하는 이유가 아닌가 생각합니다. 내 안에서 부패한 냄새가 나서 불쾌감을 느끼면서도 그것을 즉시 제거하지 않고 최악의 지경에 이르기까지 견디고 있기 때문입니다. 이것이 영만 아니라 우리의 진보를 막는 것입니다.

그러므로 믿음은 자신의 내부에 있어서 내 영을 불쾌하게 하는 죄와 부패성을 찾아내고 제거하는 작업을 미루는 것이 아니라 즉시 자기를 점검하여 죄와 문제를 찾아내어 치워버리는 것입니다. 우리가 내 안의 부패성을 느낄 때마다 이렇게 한다면 놀랍게 변화되는 자신을 보게 될 것입니다.

장마철이라서 무엇이든 금방 상해서 철저한 위생을 요구받는 것은 우리로 신속하고 철저하게 자기의 부패성을 점검하고 청결케 하라는 하나님의 사인이 아닐까 생각합니다.

내 영혼의 건강검진

-겉으로 보기에 멀쩡한 내 육신의 속을 들여다보는 것과는
비교도 할 수 없을 만큼 부끄러운 영혼의 소유자가 아닐까 하는
의구심이 들었습니다. 고인이 된 정채봉 씨의 성인동화 「마음을 찍는 사진기」의
한 구절 같이 겉과 속이 다른 종교인은 아닌가라는 자문이 고개를 들었습니다.-

작년 교회 이전을 앞두고 종합건강검진을 받았습니다. 큰일을 앞두고 내 건강이 따라줄지를 점검해 볼 필요가 있다고 생각했기 때문입니다. 일 년에 한 번씩 검진이 필요한 위암에 걸리기 쉬운 내 위장 상태가 그런 생각을 부추겼고, 마침 세브란스에서 동문에게 할인혜택 프로그램을 시행하고 있었기 때문에 큰 맘 먹고 종합건강 검진을 받았던 것입니다. 검진결과는 건강에 특별한 문제는 없지만 총체적인 부실이라고 할만 했습니다.

위는 여전히 앞에 말한 상태이고, 심장은 좌심실이 좀 비대해져 있고, 간은 혹이 하나 있지만 수술할 필요는 없고, 갑상선은 정밀검사를 받으라는 것이었습니다. 흔한 고지혈에

복부비만은 물론이고요. 별 수 없이 나도 노년기에 접어들고 있다는 것이 실감났습니다. 당장은 문제가 없지만, 저의 위와 간과 심장은 말하자면 언제 터질지 모르는 지뢰밭과 같다는 이야기가 아니겠습니까? 의사의 처방은 술 담배 하지 말고(?) 먹는 것을 조심하고 운동을 규칙적으로 하며 즐겁게 살라는 것이었습니다.

이렇게 의사가 설명하며 영상으로 보여주는 사진을 보다가 뱃속의 장기를 보여주는 진단촬영기와 같이, 영혼의 상태를 보게 하는 영상기기로 속사람을 본다면 나는 어떤 상태일까라는 생각이 들었습니다. 겉으로 보기에 멀쩡한 내 육신의 속을 들여다보는 것과는 비교도 할 수 없을 만큼 부끄러운 영혼의 소유자가 아닐까 하는 의구심이 들었습니다. 고인이 된 정채봉 씨의 성인동화 「마음을 찍는 사진기」의 한 구절 같이 겉과 속이 다른 종교인은 아닌가라는 자문이 고개를 들었습니다. 결국 종합건강 진단으로 얻은 유익은 건강에 대한 자신감이 아니라 철저한 자아성찰의 은총이었습니다.

철저한 자기성찰, 이것이야말로 영혼을 찍는 사진기이자 내 영혼의 건강검진이 아니겠습니까? 이것이 목사의 건강상태를 이야기하는 것이 은혜로운 일이 아닌 것을 알면서도 제 건강검진 이야기를 하는 이유입니다. 저는 건강에 자신 없어 하는 성도들에게 건강검진을 받고 건강에 대한 확신을 가지라고 권하는 목사입니다. 건강이 현대인들의 최고의 관심사인 지금 녹록치 않은 돈을 지불하고 건강검진을 받기도 하고 돈 내고 운동하는 것도 좋지만, 자기성찰이라는 영혼의 건강검진도 소홀히 하는 우를 범해서는 안 된다는 생각입니다.

신체의 건강검진은 돈이 들지만 영혼의 건강진단인 자기성찰은 돈이 들지 않습니다. 그럼에도 우리는 자기성찰에 인색한 경향이 있고 자기성찰의 기회를 헛되게 하는 일이 많습니다. 공예배도 그렇지만 개인적인 경건의 시간과 새벽기도회는 내 영혼의 건강검진이라고 생각합니다. 성경 앞에 설 때마다 새벽마다 자기성찰을 했다면 지금의 우리 영혼은 훨씬 건강한 상태가 되었을 것이라는 아쉬움이 남는 우리는 아닐까요? "여호와여 나를 살피시고 시험하사 내 뜻과 내 양심을 단련하소서"(시 26:2). 이렇게 날마다 하나님 앞에 서서 말입니다.

누가 이 고양이 좀

-우리 하나님이 말이 통하지 않는 고양이를 답답해하시고
염려하시겠습니까? 깨닫지 못하는 우리 심령을 염려하십니다.
듣지 못하고 깨닫지 못하는 이는 하나님도
어쩔 수가 없는 사람이기 때문입니다.
깨닫지 못하는 자신을 아삽과 같이 하나님 앞에 짐승으로 여기는
영성으로 가르침을 받을 수 있고
깨달을 수 있는 사람은 복된 줄로 믿습니다.-

장마가 시작되고 나서 골칫거리가 생겼습니다. 고양이 한 마리가 잔디밭에 와서는 볼일을 보고 가는 것입니다. 가물 적에는 금방 말라서 별로 냄새도 없고 치우기도 좋았습니다. 그런데 비가 자주 오자 이게 마르지도 않고, 잡식성으로 먹은 것이라 꼭 인분(人糞)과 같은 냄새를 피우고 치우기도 고역입니다. 게다가 이놈이 저쪽에 일을 보는 것이 아니라 계단에서 가까운 곳에서 일을 보아서 교회 현관에까지 냄새가 나기 때문에 치우지 않을 수도 없는 형편입니다.

문제는 치워도, 치워도 소용이 없다는 것입니다, 이놈이

교회 잔디밭을 제 화장실로 아는지 계속 일을 보기 때문입니다. 냄새가 없으면 안 올까 해서 치우고 물을 뿌려도 하루만 지나면 보라는 듯이 일을 봐두고 갑니다. 사람 같으면 말릴 수도 있고 따질 수도 있을 뿐만 아니라 타협도 할 수 있고, 그러지 말라고 타이르고 설득할 수 있고 가르칠 수도 있겠지만 이놈의 고양이는 어쩌면 좋습니까? 하도 답답해서 고양이 퇴치법을 검색해 보다 깜짝 놀랐습니다. 저처럼 고양이로 골머리를 앓는 사람이 그렇게 많은 줄 미처 몰랐기 때문입니다.

그렇다고 댓글에 올라온 말처럼 쥐약을 놓을 수도 없고 말도 통하지 않는 이놈의 고양이를 어쩌나 속으로 끙끙대다가 문득 자신이 부끄러워졌습니다. 나야말로 이 말이 통하지 않는 고양이 같은 존재가 아닐까라는 생각이 일었기 때문입니다. 내가 변화되어야 할 부분이 있는데 변화되지 못하는 것은 깨닫지 못했다는 것이기 때문입니다. 아삽은 하나님의 은혜와 섭리를 깨닫기에 더디고 둔한 자기를 "내가 이같이 우매 무지함으로 주 앞에 짐승이오나"(시 73:22)라고 하며 자신을 짐승으로 느꼈습니다. 욥의 친구들은 자기들의 말이 통하지 않는 욥을 나귀 새끼 같다며 말귀를 알아

듣지 못하는 것은 자기들을 짐승으로 여기는 행위라고 규탄
했습니다.

시편은 존귀에 처하나 깨닫지 못하는 자는 짐승이라고 했
습니다. 이는 깨닫지 못해서 자멸해가는 사람을 지켜보는
국외자(局外者)의 답답함이지만, 아삽은 자기 자신에 대한
인식입니다. 깨닫기에 둔한 자기를 우매한 짐승과 같이 인
식한 아삽이 얼마나 크게 하나님과 그 하시는 일을 깨닫고
자기를 고쳤는지는 그의 위대한 영혼이 나타난 그의 시편들
이 잘 보여주고 있습니다.

그렇습니다. 믿음은 듣고 깨닫는 것입니다(마 13:23). 변
화되어야 하고 고쳐야할 내 인생의 단골 병을 여전히 가지
고 있음은 깨닫지 못해서입니다. 이건 듣지 못함이거나 거
울을 보고도 자기를 잊어버리는 것 같이 듣고도 행하지 않
기 때문인네 이도 결국은 깨닫지를 못해서입니다.

우리 하나님이 말이 통하지 않는 고양이를 답답해하시고
염려하시겠습니까? 깨닫지 못하는 우리 심령을 염려하십니
다. 듣지 못하고 깨닫지 못하는 이는 하나님도 어쩔 수가 없

는 사람이기 때문입니다. 깨닫지 못하는 자신을 아삽과 같이 하나님 앞에 짐승으로 여기는 영성으로 가르침을 받을 수 있고 깨달을 수 있는 사람은 복된 줄로 믿습니다.

"주여 나로 아침마다 깨닫게 하소서." 이렇게 기도할 수 있는 영혼의 소유자는 소망이 있기 때문입니다. 깨닫기에 둔감한 자신을 짐승으로 여기는 아삽의 영성이 부러워집니다. 그나저나 오늘도 또 와서 일 보고 유유히 사라진 저 고양이 좀 누가 타일러 줄 수는 없겠습니까?

버려진 서양 난 심비디움

-우리는 너무 사람을 가용(加用) 가치적으로만
대하고 있는 시대를 살고 있습니다.
그래서 심지어 교회마저도 사람이 아닌 사역을 중심하고
목적에 따라서 대하는 현상이 없지 않은 것입니다.-

지난 번 부흥회 때 양주의 최 목사님 내외가 노란 꽃이 화려한 서양 난을 강단에 봉헌했습니다. 그해 겨울 그 혹독한 추위를 지내고도 '심비디움' 이라 불리는 이 서양 난들은 신통하게도 살아남았습니다. 그래서 다시 꽃을 볼 수 있을까 하는 혹시나 하는 마음에서 이 화분들을 길렀습니다. 혹시나 한 것은 그동안 교회에 들어왔던 서양 난들을 길러보려고 애를 써보았지만 한 번도 성공한 적이 없었기 때문입니다. 그러나 이 '혹시나' 는 '역시나' 가 되어버렸습니다. 이게 죽지 않고 살아있기는 한데 겨우 연명할 뿐이고, 그 상태로 꽃을 보기는 동지섣달에 꽃을 보는 것이 오히려 쉬울 것 같았기 때문입니다.

거기에다 자리만 차지하고 미관상으로 좋지 않아서 지난 늦봄에 매몰차게 폐기 처분하기로 결정했습니다. 그리고 버리다가 살아 있는 생명을 버리기가 좀 그래서 그 중에 상태가 좋은 것을 빈 페인트 통에다가 아무렇게나 심어 처마 밑에 방치해 두었습니다. "살든지 죽든 나는 모른다." 그런 셈이지요. 그리고 다른 화분들에 물을 주다가 어쩌다 물을 주는 정도였습니다. 그렇게 두다 죽으면 버릴 심산이었습니다. 그런데 요즘 이 서양 난이 저로 하여금 고민에 빠지게 만들어 버렸습니다.

그건 이렇게 그냥 방치해 버린 이 서양 난이 죽는 것이 아니라 한 여름을 지나는 동안에 제법 건강해 지고 새로 올라온 싹도 제법 자라 주고 있기 때문입니다. 이게 왜 고민이냐 하면 더 건강해졌으니 버릴 수도 없고, 이걸 보전하자니 적당한 화분도 없고, 또 겨울이 되면 둘만한 자리도 적당하지 못할뿐더러 또 둔들 이 정도 발육 상태로는 꽃을 본다는 것은 사실상 어렵기 때문입니다. 그래서 버리는 것도 마음에 걸리고 거두는 것도 문제가 되어버린 것입니다.

이런 생각을 하다 참 하나님께 죄송하다는 마음이 들었습니다. 하나님께서 지금 제가 이 심비디움을 대하는 마음과 태도로 내 자신과 사람들을 대하시지 않으신다는 사실 때문입니다. 하나님은 우리의 영적인 건강상태나 발육의 상태에 따라서 자기 백성을 대하시지 않으십니다. '꽃을 피울 가능성이 있느냐 없느냐?' 이렇게 이득을 생각하시는 계산속으로 행하시지 않으십니다. 만약 하나님께서 제가 버린 심비디움을 대하는 방식으로 우리를 대하신다면 사실상 우리는 소망이 없는 존재들이기 때문입니다. 건강하지 못할수록 오히려 하나님은 자기 백성들에 대한 사랑이 끓어오르시는 분이시기 때문입니다.

이 절절한 하나님의 사랑을 호세아 11장 8절에서 이렇게 선포하고 있습니다. "에브라임이여 내가 어찌 너를 놓겠느냐 이스라엘이여 내가 어찌 너를 버리겠느냐 내가 어찌 너를 아드마 같이 놓겠느냐 어찌 너를 스보임 같이 두겠느냐 내 마음이 내 속에서 놀이키어 나의 긍휼이 온전히 불붙듯 하도다."

우리는 너무 사람을 가용(加用) 가치적으로만 대하고 있는 시대를 살고 있습니다. 그래서 심지어 교회마저도 사람이 아닌 사역을 중심하고 목적에 따라서 대하는 현상이 없지 않은 것입니다. 그래서 이런 목회를 하지 않겠다던 초심을 이번 일로 다시 한 번 돌이켜 보았습니다만 그런 유혹이 없는 것은 아닙니다. 그나저나 여러분이라면 저 서양 난 심비디움을 버리시겠습니까? 아니면 번거롭기만 해도 거두시렵니까?

광고가 만드는 베스트셀러

- 혹시 누군가가 내 인생이라는 책의 페이지를 읽어본 사람이면
오랫동안 가슴속에 남아있어 사랑하는 사람이면
한번쯤 읽어 보라고 권할 수 있는 책이 되기를 원하며
그런 책과 같은 사람으로 남기를 소망합니다. -

"이 책 사야겠다!" 국내 한 유명 대형서점이 발행하는 신간정보 가이드북 뒤표지에 실린 광고를 보고했던 생각입니다. 이렇게 결정하고 우선순위에서 몇 번이나 밀리던 그 책을 드디어 구입하게 되었습니다. 서점에서 직원이 찾아온 그 책을 받아 들고 몇 페이지를 훑어 본 순간 실망하고 말았습니다. 순간 사고 싶던 마음은 사라져 버렸습니다. 책을 찾아온 직원의 수고가 미안하지 않았다면 나는 단연코 사지 않았을 것입니다. 그 책은 광고를 보고 내가 생각하고 기대한 그런 책이 아니었기 때문입니다.

이런 식으로 가끔 화려한 광고를 보고 구입한 책을 보는 순간 속았다는 느낌이 들 때도 있습니다. 요즈음 베스트셀

러는 광고가 만든다는 엄연한 사실을 저는 이런 식으로 깨닫게 되었습니다. 이 씁쓸한 마음을 달래다가 퍼뜩 이런 생각이 떠올랐습니다.

〈나는 사람들에게 어떤 사람으로 알려져 있을까? 나를 나와는 전혀 다른 나로 인식하거나 오해하고 있지는 않을까? 사람들이 막상 나라는 책을 고르고 몇 페이지를 넘겨보고는 실망하지는 않을까? 그리고 나를 좋게 인식해 주는 만큼 나는 좋은 사람일까?〉

순간 서늘한 전율이 느껴졌습니다. 전혀 유명하지 않은 무명의 목회자일 뿐이지만 그래도 나를 아는 적지 않은 사람들이나 그리고 성도들이 막상 나라는 책의 표지를 열어보고는 실망하고 환멸을 느끼게 하는 사람은 아닌가? 이런 생각이 가슴을 때렸습니다. 최소한도 실망이나 환멸을 안기는 사람만은 되지 말아야 하겠다는 다짐을 새롭게 할 수 밖에 없었습니다.

그리고 혹시 누군가가 내 인생이라는 책의 페이지들을 읽어본 사람이면 오랫동안 가슴속에 남아있어 사랑하는 사람이면 한번쯤 읽어 보라고 권할 수 있는 책이 되기를 원하며 그런 책과 같은 사람으로 남기를 소망합니다. 그리고 이 소망이 소망으로 끝나지 않도록 가까이 하고 깊이 알아 갈수록 더욱 경외하게 되는 주님을 더욱 가까이 따르기를 새롭게 다짐도 해봅니다. 그러면 내 자신이 최소한 화려한 광고가 만들어낸 허울이 아닌 읽을거리가 있고 오래 남을 책으로 남게 될 것이기 때문입니다.

책을 버리는 마음

-저만 아니라 살아오며 참으로 보지 않고 듣지 않았다면 좋았을 것들이
적지 않을 것입니다. 알지 않을 것을 알아버린 것들도 있을 것입니다.
이 지식이 우리의 지성과 감성, 그리고 영성에 곰팡이를 피우고 있습니다.
그래서 식자우환(識字憂患), 아는 것이 도리어 병이 되어
자유로운 사고와 발상을 막아 창조성을 상실해 가고,
심지어 헛 똑똑이가 될 뿐만 아니라, 영적 순결을 잃어가고 있는 것입니다.-

책방 목회라는 말처럼 지식과 지성은 곧 목회적 능력으로 연결됩니다. 성공적인 목회를 원하는 모든 목회자마다 더 많은 지식을 습득하고 쌓으려는 노력을 게을리 하지 않습니다. 그래서 목사들은 책을 좋아 하고 책에 대한 욕심이 있기 마련입니다. 이런 목사가 책을 버리기는 쉽지 않습니다. 저와 같이 책이 적은 편은 아니지만 많지도 못한 목사로서는 더욱 그렇습니다. 책장으로 열서너 개 차는 책들은 여유가 있어서 산 것들이 아닙니다. 말하자면 배고파가며 산 책들입니다.

이 금쪽같은 책들을 교회를 이전하며 서재가 없어져 일부

를 사택에 두고 일부를 예배실과 예배실 앞 주방을 겸하는 공간에 두었습니다. 그런데 이곳이 지하실인 데다가 비에 몇 번 물이 들어왔습니다. 결국 책들이 습기를 이기지 못하고 곰팡이가 나버렸습니다. 책장 맨 아래 칸의 책들은 더욱 심했습니다.

그 중에는 백과사전 한 질이 있습니다. 아마 1980년 초겨울이었을 것입니다. 하고 길에 정류장에 내리니 카바이드 불을 밝히고 노상에서 헌책을 파는 것이 눈에 들어왔습니다. 방앗간 지나는 참새 없듯이 그냥 지나지 못하고 살펴보니 백과사전 한 질이 묶여 있는 것이 눈에 들어왔습니다. 그때는 이미 한물 간 백과사전이었지만 학원사가 처음 발행했을 때는 최고의 백과사전이었습니다. 값을 물으니 그때 돈으로 삼만 원인가 사만원인가를 불렀습니다. 수중에 그만한 돈이 있을 턱이 없지요. 급히 집으로 가 옆에 사는 부목사 사모님께 돈을 꾸어다 그 백과사전을 샀습니다. 그 중고 백과사전을 자취하는 방에 두니 마음이 그렇게 든든할 수가 없었습니다.

이 백과사전이 가장 심하게 곰팡이가 나버린 것입니다.

아까워서 닦아보다 결국 아낌없이 버리기로 했습니다. 왜냐하면 그 책의 내용들도 이미 오래전에 고물이 되어 곰팡이 난 것들이기 때문입니다. 그리고 버리는 김에 곰팡이가 심한 책들과 잡동사니가 된 책들도 여러 묶음을 묶어내 함께 내버렸습니다. 배고프게 산 책들을 내다 버리는 것을 아쉬워하다 문득 이런 생각이 들었습니다. '지금 내버리는 책들과 같이 나를 곰팡이 나게 하는 지식이 내게 있는 것은 아닐까?' 순간 정신이 번쩍 났습니다.

지금까지 지식을 습득하는 일만을 중요하게 여겨 지식을 습득하려고만 했기 때문입니다. 〈지식을 습득만 하는 것이 아니라 지식을 버리는 것도 중요하다는 걸 몰랐구나! 이제는 지식을 습득하기보다 얼마나 더 버리느냐가 더 중요한 나이가 되어버렸구나. 아! 알지 않았으면 좋을 나를 곰팡이 나게 하는 지식이 내겐 너무 많지 않은가?〉 이런 한탄이 절로 내 속에서 흘러나왔습니다.

이 내 안의 곰팡이 나게 하는 지식을 버리는데 참된 목회의 사활이 걸려있다는 깨달음이 이번에 어렵게 구입한 책을 버리며 산 지혜입니다. 이 지혜는 목회자들뿐만 아니라 우리 모두에게 꼭 필요하다고 생각합니다. 그것은 살다보면

나이가 들어 갈수록 알지 않을 것을 알고 버려야할 지식이
더욱 많아져 가는 것이 우리네 인생이기 때문입니다.

사실 지식을 버리는 것이 중요하다는 것을 이제야 깨달았
다는 것은 만시지탄(晩時之歎)입니다. 왜냐하면 성경에서
믿음에 이르는 것은 기존지식을 버리는 것을 의미하기 때문
입니다. 사도 바울은 유명한 고백을 했습니다. "모든 것을
잃어버리고 배설물로 여김은 그리스도를 얻고 그 안에서 발
견되려 함이니"(빌 3:8-9). 바울은 그리스도를 아는데 이르
기 위해 그의 학문을 해로 여기고 배설물과 같이 여겨 버렸
다는 것입니다. 신앙인이 이 말씀을 모른다면 신앙인이라
할 수 없는 것입니다. 따라서 금년으로 이십오 년 넘게 목회
한 목사가 이제야 지식을 버리는 것이 중요하다는 것을 깨
달았다는 것은 실로 부끄러운 고백이 아닐 수 없습니다.

그럼에도 불구하고 아끼던 책을 묶어내 버리듯 내 안에
묶어내 버릴 곰팡이 나게 하는 지식이 많음을 고백합니다.
이 나이 들도록 교회 안에서 살아온 세월이 교회 밖에서 살
아온 날들보다 오히려 많습니다. 그럼에도 지금에는 알지
않아도 좋은 것들을 알아버린 것이 한 둘이 아닙니다. 몰라

야 하는 것을 알아버린 것들도 적지 않을 것입니다.

전도사 시절 한번은 제가 모시던 목사님이 제게 이런 충고를 하셨습니다. "라 전도사는 누가 적인지를 모르는 것 같다." 이 말은 제게 주려했던 사택 한 칸을 다른 전도사가 저를 제치고 들어가려고 하는 데에 대해 제 의견을 물으셨는데, 제가 "그 분 좋을 대로 하시라."고 하자 제게 하신 말씀입니다. 만약 그 목사님이 살아계신다면 지금도 제게 그렇게 말할 수 있을까 생각을 해봅니다. 이건 제가 정치꾼이 되거나 아주속물이 되어버렸다는 것은 결코 아니지만 지금은 그때와 같이 순진하지 못할 뿐 아니라, 그때처럼 몰랐으면 좋았을 것을 알아버린 것들이 지금 내게 있기 때문입니다. 신학교 때 순진하게만 보였던 이들이 '누구' 하면 '정치' 가 생각나는 이들이 된 것은 알아서는 안 되는 곰팡이 나게 하는 지식을 습득하고 버려야할 곰팡이 나는 지식을 버리지 못했기 때문이 아니겠습니까?

그러므로 이제는 내 인생과 목회의 참된 성공은 지식을 습득하는 것보다 버리는 것에 승패가 달려있다고 믿습니다. 내가 주님 앞에 서야 할 그날이 더욱 가까워지고 있고, 내게 있는 곰팡이 피우는 지식을 버리는 것만큼 성결해지고 주님을 알아갈 것이기 때문입니다.

저만 아니라 살아오며 참으로 보지 않고 듣지 않았다면 좋았을 것들이 적지 않을 것입니다. 알지 않을 것을 알아버린 것들도 있을 것입니다. 이 지식이 우리의 지성과 감성, 그리고 영성에 곰팡이를 피우고 있습니다. 그래서 식자우환(識字憂患), 아는 것이 도리어 병이 되어 자유로운 사고와 발상을 막아 창조성을 상실해 가고, 심지어 헛 똑똑이가 될 뿐만 아니라, 영적 순결을 잃어가고 있는 것입니다.

내 안에 곰팡이를 피우는 곰팡이 나는 지식들을 책을 묶어 내버리듯 버릴 수 있다면 은총을 받는 것입니다. 가장 버리기 어려운 것이 형성된 의식과 지식을 부인하고 버리는 일이기 때문입니다. 그러나 우리가 소유한 믿음은 사도 바울과 같이 곰팡이 나는 지식을 버리게 하는 능력입니다. 믿음만이 오직 그리스도를 아는 지식만을 유일한 지식으로 알게 하여 곰팡이 피우는 지식을 버릴 수 있게 하기 때문입니다. 제가 목회사역과 목회자가 복되다고 믿는 것은 목회와 목회사역은 사도가 그랬듯 이 세상과 육신에 속한 지식을 버리고 그리스도를 알아가게 하는 과정이며 가장 좋은 방편이 된다고 믿기 때문입니다.

　찌든 때와 같이 내 영혼에 쌓여 곰팡이 피우는 지식을 버리는 믿음과 목회의 은총이 저와 우리 모두에게 임하기를 고요히 기도합니다. 더욱 주님을 알아가고 주님의 마음을 가지도록 말입니다. 적어도 우리가 목사이기를 원하고 지금도 목회자로 살기를 원한다면 말입니다.

행운의 신약 성도

- '항상' 은 '일상' 이 되게 합니다. 귀한 것도 일단 일상적이 되면
귀하게 여기지 않게 되고, 그것에 대한 감격을 잃어버립니다.
초신자 때에 크게 은혜 받다가 신앙의 연륜이 깊어지고
직분이 커질수록 은혜 받지 못하는 것이 바로 이런 이유 때문이며,
말씀 봉사를 하는 이들이 은혜 받지 못하는 것도
다 이런 이유 때문이 아니겠습니까? 이것은 가장 심각한 영적인 병입니다. -

예수님도 섭섭하시고 노여우실 때가 있으셨던 것 같습니다. 유대인들이 듣지 않을뿐더러 주님의 권능을 바알세불을 힘입은 것이라고 비방하면서도 표적을 구할 때에 그러셨습니다. "악하고 음란한 세대가 표적을 구하나 요나의 표적 외에는 보일 표적이 없다"고 하시며 심판 날에 남방 여왕이 일어나 이 세대 사람을 정죄하게 될 것인데 그 까닭은 스바 여왕은 솔로몬의 지혜를 들으려고 땅 끝에서 왔는데 너희는 솔로몬보다 더 큰 주님의 말씀을 듣지 않기 때문이라고 하셨습니다(마 12:42). 주님의 근심과 노여움이 이렇게 묻어나는 말씀도 드물지 않나 생각합니다.

이 말씀에서 주님이 언급하신 스바 여왕은 우리 신약 성도들이 받은 복의 풍성함을 여실히 읽을 수 있게 하는 인물입니다. 그가 솔로몬의 지혜를 들으러 와서 감격하며 이렇게 찬양했습니다. "복 되도다 당신의 사람들이여 복 되도다 당신의 이 신하들이여 항상 당신 앞에 서서 당신의 지혜를 들음이로다"(왕상 10:8). 그녀는 솔로몬 앞에서 언제든지 항상 솔로몬의 지혜를 들을 수 있는 솔로몬의 사람들에게 축복 중에 축복을 받은 행운아들이라고 한 것입니다.

그렇다면 우리 신약 성도들이야말로 행운아들이 아닐 수 없습니다. 스바 여왕은 솔로몬의 지혜를 들으려고 땅 끝에서 불원천리하고 찾아왔지만, 복음은 우리 입과 마음에 있습니다. 스바 여왕은 솔로몬의 말을 들으러 왔으나, 우리는 솔로몬과는 비교가 안 되는 주님께 듣습니다. 스바 여왕은 단 한번 들을 수 있었으나 우리는 항상 들을 수 있습니다. 복음이 우리에게 왔고 성경이 우리말로 번역되어 누구나 읽을 수 있고, 사도의 사역을 계승한 사역자들이 항상 우리 곁에서 말씀할 뿐 아니라 진리의 성령께서 친히 가르치시기 때문입니다. 그러므로 우리는 '행운의 신약 성도'입니다.

그러나 정작 당사자인 우리는 이 놀라운 축복을 축복으로 알지 못해서 자신이 스바 여왕도 부러워할 행운아라는 감격을 누리지 못하는 분들이 많습니다. 왜 이런 비극이 있을까요? 그게 아이러니하게도 '항상' 들을 수 있기 때문입니다. 솔로몬의 신하들은 스바 여왕의 감격에 비로소 자기들의 행운을 깨달았을 것입니다. 유대인들도 이런 이유로 주님의 말씀을 듣지 못했고 주님께 들을 수 있는 것을 행운으로 여기지 못했습니다.

'항상' 은 '일상' 이 되게 합니다. 귀한 것도 일단 일상적이 되면 귀하게 여기지 않게 되고, 그것에 대한 감격을 잃어버립니다. 초신자 때에 크게 은혜 받다가 신앙의 연륜이 깊어지고 직분이 커질수록 은혜 받지 못하는 것이 바로 이런 이유 때문이며, 말씀 봉사를 하는 이들이 은혜 받지 못하는 것도 다 이런 이유 때문이 아니겠습니까? 이것은 가장 심각한 영적인 병입니다.

믿음은 일상에서 귀중성을 깨닫고 감사와 감격을 느끼는 것입니다. 항상 듣는 말씀에 감격을 느끼는 이가 진정한 신약 성도라고 믿습니다. 옥토와 같이 항상 말씀을 들을 수 있는 준비가 되어있는 이가 참 제자이기 때문입니다.

기도와 글쓰기

- 그래도 글을 쓰기를 잘했다고 생각합니다.
이 작업이 내 가슴을 따뜻하게 하고 정서를 풍요롭게 하는 것은 물론이요.
고스란히 내 자신을 투영하고 있어서
내 영혼을 볼 수 있게 해 주기 때문입니다.
그래서 새해에도 이 작업을 버리지 않을 계획입니다.
무엇보다도 내 영혼의 고투를 포기하지 않기 위해서입니다.-

금년은 성탄절이 마지막 주일입니다. 그래서 아마도 대부분의 목회자들이 이번 주일에 마지막 주일에 전하는 메시지를 전하려고 할 것입니다. 저도 그런 생각을 하다가 금년에 한 것이 무엇일까를 생각해 봤습니다. 그래서 정규적으로 하는 작업들부터 살펴보다가 금년에는 글을 얼마나 썼나를 세어 보았더니 금년 주보에 실린 글의 절반정도만 금년에 쓴 글이었습니다. 시는 딱 한 편뿐이었습니다. 글을 쓰는 일은 반타작 밖에는 못한 셈입니다.

그래서 왜 매주 새 글을 쓰지 못하는지를 생각해 보다가 문득 기도하는 것과 글을 쓰는 작업이 통하는 데가 있다는 생각에 이르게 되었습니다. 아시다시피 기도는 마음과 영으로 하는 것이며, 이 마음과 영이 고양 되어야 뜨겁고 깊은 기도가 가능합니다. 따라서 기도는 중심이 흔들리면 기도가 안 됩니다. 이런 경우 기도해도 입술은 움직이지만 영으로는 기도가 안 됩니다. 이런 때 기도할 수 있는 방법은 처절한 기도의 몸부림을 쳐야만 기도 줄이 잡히는 것을 기도의 실제를 아시는 분들은 다 아시는 이야기입니다.

글을 쓰는 것도 이와 같습니다. 마음이 안정되지 않으면 글이 잡히지 않습니다. 내 마음을 흔들리고 시험이 된 것은 "부흥" 때문일 것입니다. 목사가 걱정이 되고 고민할 일이 이 일 외에 무엇이 있겠습니까? 교회가 자라지 않는 것만큼 목사를 마르게 하는 것은 없을 것입니다.

시는 더욱 그런 것 같습니다. 영이 고양(高揚) 되어야 기도가 뜨거워지듯 기쁨의 성서이는 슬픔의 정서이든 서정이 고양될 때 시를 쓰는 것입니다. 따라서 금년 글쓰기가 반타작이며 특히 시를 쓰지 못하는 건 제 정서가 그리 건강하지 못하다는 반증인 셈이고 이것은 자기 갱신의 몸부림이 모자라다는 증거일지도 모릅니다. 매주 주보에 새 글을 올리지 못한 것은 글이 안 되면 고투하여 힘들여 써낸 것이 아니라 전에 쓴 글을 다시 올리는 쉬운 길을 갔다는 증거인 셈이기 때문입니다.

그래서 내가 왜 글을 쓰는 작업을 시작해서 이런 고백을 공개적으로 해야 하는지 후회도 됩니다. 이런 작업을 하지 않고도 나보다 더 목회를 잘하시는 분들이 얼마든지 많은데 읽는 사람도 별로 없는 글을 왜 써서 이런 고생을 사서하나싶기도 합니다. 이런 후회가 들기도 하지만 그래도 글을 쓰기를 잘했다고 생각합니다. 이 작업이 내 가슴을 따뜻하게 하고 정서를 풍요롭게 하는 것은 물론이요. 고스란히 내 자신을 투영하고 있어서 내 영혼을 볼 수 있게 해 주기 때문입니다.

그래서 새해에도 이 작업을 버리지 않을 계획입니다. 무엇보다도 내 영혼의 고투(苦鬪)를 포기하지 않기 위해서입니다. 그리고 새해가 부흥의 해가 되어 내 마음의 시험의 물결이 잠들어서 더 좋은 글을 쓰게 되어 "내 영혼의 샘터 은혜로 묵상"이 "이슬처럼" 맺히고 "채소위에 단비"가 되어 더욱 영혼을 풍요롭게 하며, 우리 성도들의 영혼의 깊은 샘물을 길어 올리는 은혜의장이 되기를 소망합니다.

〈아비의 둥지를 떠난 아기 새야! 부디 아빠가 날아보지 못한 하늘을
더 높이 그리고 멀리 나는 새가 되어 돌아 오거라!
그날까지 너를 처음 안았을 때 보았던 네 맑은 눈을 항상 그리워하겠다.
네 반짝이는 눈을 보며 세례를 주던 날의 기쁨과 기대를 결코 잃지 않겠다.
그리고 너를 위해 기도하마!
이제 날개를 활짝 펴고 너의 새 하늘을 힘차게 날아오르려무나!〉

- 본문 중에서 -

특별한 생일

-그날 특별한 생일은 이렇게 특별하지 않게 보냈지만,
그래도 저는 이번 생일이 특별한 생일이 되었습니다.
그것은 아내가 이번 생일을 이렇게 특별하게 여기는 것은
우리가 부부가 된 것을 하나님의 뜻과 축복으로
확신하고 감사하고 있다는 얘기가 되기 때문입니다.
그러니 왜 제가 기분 좋지 않겠습니까?-

이번 생일은 우리 부부에게 특별한 생일이었습니다. 그 것은 우리 부부의 생일이 한 날이 되었기 때문입니다. 저는 음력 5월생이고, 아내는 양력 6월생이어서 생일이 같은 날 이 되리라고는 생각을 해본 적도 없고, 지금까지 한 번도 같 은 날이 되지도 않았습니다. 그런데 이번에 아내의 생일이 제 생일이 되고 제 생일이 아내의 생일이 된 것입니다. 그래 서 아내는 좀 흥분했는데, 둘의 생일이 같은 날이 되었다는 것이 신기하고, 또 이렇게 생일이 같은 날 되는 것은 평생에 한 번이고 다시는 없다고 생각했기 때문일 것입니다.

아내는 이런 생일에 조금은 마음이 들떴고 저도 여기에

부응하여 이번 생일을 특별하게 보내고 싶었습니다. 그러나 이 특별한 생일을 특별하게 보내기 어렵게 하는 문제가 있었습니다. 그 주간에 동창회장이 초대한 시골 교회를 섬기는 동창부부 초청모임을 주관해야 했을 뿐만 아니라 수요일이기 때문이었습니다. 그래서 특별한 생일에 우리 가족의 특별한 추억을 만들려고 아이들까지 데리고 기껏 찾아간 곳이 안면도였습니다.

안면도에 도착했을 때는 시간이 오후 2시는 되었습니다. 그래서 저는 그날 수요예배를 안면도의 조그만 교회를 찾아가 드리기로 생각하고 바다를 볼 수 있는 조용한 민박집을 잡으려고 했습니다. 그런데 뜻밖에 반대에 직면했습니다. 아이들이 오늘은 돌아가고 다음에 오자는 것이었습니다. 저는 조용한 시골교회에서 예배도 드리고 이제 먼 나라로 가야 할 아이들과 깊은 이야기도 하며 추억을 만들고 싶었지만 아이들이 가자는데 목사가 어쩌겠습니까? 결국 안개에 젖은 안면도 해변을 거닐다가 굴밥 한 그릇씩 먹고 예배시간 맞추어 오느라고 서둘러 돌아왔습니다.

그날 특별한 생일은 이렇게 특별하지 않게 보냈지만, 그래도 저게는 이번 생일이 특별한 생일이 되었습니다. 그것은 아내가 둘의 생일이 같은 날이 된 이번 생일을 이렇게 특별하게 여기는 것은 우리가 부부가 된 것을 하나님의 뜻과 축복으로 확신하고 감사하고 있다는 얘기가 되기 때문입니다. 그러니 왜 제가 기분 좋지 않겠습니까?

여기에다 아이들도 즐거운 시간을 가지는 것보다 교회를 더 우선하는 중심을 가졌다는 것이 제 마음을 흡족하게 했기 때문입니다. 생일을 특별하게 보내지는 못했어도 생일을 가치 있게 보냈다면 그것이 더 행복한 생일이고 특별하게 생일을 보낸 셈이지요?

부부 된지 이십 몇 년 만에 둘의 생일이 한 날이 된 것은 앞으로 이 만큼의 세월을 살면 또 둘의 생일이 한 날이 되는 특별한 생일이 올 수도 있다는 것을 보여줍니다. 그러나 그 때는 아마도 우리 부부는 7칠십을 훌쩍 넘을 터이고 아이들도 사십대가 되겠지요? 이렇게 인생은 짧은 것입니다.

그래서 인생은 특별한 날이 있을 확률보다 그 순간을 어떻게 지내는가가 더 중요하고 오늘 하루를 특별하게 사는 것이 중요한 것입니다. 비록 이번 생일을 특별하게 보내지 못했어도 다시 이런 특별한 생일이 온다면 이런 이유로 그 날에는 이번 생일이 특별한 생일로 기억 될 것입니다. 그리고 이 날이 그 날을 행복하게 할 것입니다. 그것은 지나간 것은 항상 그리워지는 법이고, 또 소중해지기 때문입니다.

둥지를 떠나는 새처럼

-스스로 자기 인생을 개척하게 하는 것이
아들을 멀리 높이 나는 새처럼 되게 한다고 믿기 때문입니다.
그리고 자녀를 높은 이상을 품게 하고 더 높이 멀리 쏘아 보내는 것이
부모의 역할이라고 믿기 때문입니다.-

어제 새벽 인천공항으로 가는 길에는 태풍 "모라곳"의 영향으로 폭우가 쏟아지고 있었습니다. 억수로 쏟아지는 비는 아들을 먼 나라로 보내기 위해 공항에 가는 내내 깊은 상념에 젖어들게 했습니다. 공항에서 짐을 부치고 인적이 좀 뜸한 곳에서 가족이 손을 잡고 기도드린 후에, 아들은 손을 흔들며 출국장 게이트 안으로 들어갔습니다. 마치 둥지를 떠나는 새처럼 이들은 그렇게 아버지의 하늘에서 미국이라는 다른 하늘로 날아갔습니다.

공항으로 가는 내내, 그리고 아들을 출국장에 들여보내고 돌아오는 내내 내리는 비는 아들을 보내는 마음을 더욱 무

겹게 했습니다. 지금 미국으로 떠나보내는 아들의 처지가 꼭 예전의 아버지 처지와 같았기 때문입니다. 제가 소명을 받고 공부하려고 상경했을 때가 지금 아들의 나이였습니다. 정말 한 푼의 도움도 받을 수 없는 형편에서 맨 주먹으로 보따리 하나 들고 올라와 사흘을 굶으며 공부를 시작했습니다. 이렇게 아들도 달랑 비행기 표 한 장 들려주다시피 하여 미국으로 떠나보냈습니다. 그래도 아들이 아비보다 유복한 것은 부모슬하에서 대학을 마쳤고 빈손으로 보내지만 미국에서 경제적으로는 아니더라도 마음으로 의지가 될 한때 아버지의 가르침을 받았던 이들이 그를 기다리고 있다는 점일 것입니다.

이런 형편에서 아들을 미국에 보낸 것은 더 넓은 세계에서 자신의 인생을 자신의 힘으로 열도록 하기 위해서입니다. 스스로 자기 인생을 개척하게 하는 것이 아들을 멀리 높이 나는 새처럼 되게 한다고 믿기 때문입니다. 그리고 자녀를 높은 이상을 품게 하고 더 높이 멀리 쏘아 보내는 것이 부모의 역할이라고 믿기 때문입니다. 이런 이유에서 아들을 빈손으로 미국으로 떠나보냈고, 고학의 길을 가게 했습니다.

아들도 여기에 전적으로 동의하고 즐겁게 갔지만 비행기 표 한 장 들고 미국으로 가는 마음이 빈손 들고 상경하던 때의 제 마음과 무엇이 다르겠습니까? 이렇게 아들을 둥지를 떠나보내는 새처럼 떠나보냈습니다. 그러나 저는 믿습니다. 저와 함께 제가 가는 길에서 지금까지 함께 하신 주께서 아들의 가는 길에도 함께 하실 것을, 그러나 아버지의 하늘보다 더 높고 큰 하늘을 나는 새가 되어 돌아오게 하실 것을 말입니다.

아버지의 사망신고서를 내던 날

-이제 얼마의 세월이 더 가면 또 그렇게 제가 한 것과 같이
제 아들이 제 사망신고서를 내게 될 것입니다.
그리고 그때 저는 다시 아버지를 만날 것입니다.
우리 인생은 이렇게 가고 오지만 그때야 비로소 우리는
다시 분리가 없이 함께 있게 되고 서로를 온전히 알고 이해하며
사랑하게 될 것을 그리스도 안에서 압니다.-

'다 되었습니다. 가셔도 됩니다.' 제출한 아버지의 사망신고서를 받은 공무원(公務員)이 제법 긴 시간을 꼼꼼히 살피다가 몇 가지를 보강한 후에 얼굴을 들고 나를 보며 무심(無心)히 한 말입니다. 그 말에 쓸쓸한 가슴으로 면사무소를 나와 차에 오르자 가슴 한편에 서러움이 몰려왔습니다. 그렇게 망연자실하게 한참을 차 안에 앉아 있었던 날이 어느덧 일주년을 맞았습니다.

언젠가는 당하리라고 마음에 준비는 하고 있었지만 그날 아침 그렇게 가시리라고는 상상도 하지 못했습니다. 그날은

추수감사절이었습니다. 추수감사절이면 항상 추위가 오지만 그날은 초겨울 강추위가 밀려왔었습니다. 그날도 나 혼자뿐인 새벽기도를 하고 돌아오자 아버지는 거실 화장실 문 앞에 앉아 계셨습니다. 화장실에 들어가셨다 나오셔서 방에 들어갈 기력이 없으셨던 것입니다.

그 아버지를 끌다시피 침대에 올려 드리고는 곧장 내 방에 돌아와 씻고 교회에 갈 준비를 하고 있는데 아버님이 이상하다고 다급히 부르는 아내의 소리가 들려왔습니다. 넥타이를 매다 말고 달려 가보니 아버님께 먹이던 죽 그릇을 내려놓고 아버지를 안고 있던 아내가 '돌아가시는 것 같다.'고 했습니다. 그렇게 아버지는 며느리 품에서 임종하셨고, 저는 아버지를 위한 임종기도를 올렸습니다.

구급차를 불러 모시고 나가는데 신발이 찾아지지 않았습니다. 일단 병원에 모시고 가서 절차를 따라서 장례식장으로 모셨습니다. 많은 분들이 찾아 주셨고 은혜롭게 장례를 모시고 있었지만, 입구를 지키고 서있는 조화(弔花)들의 수는 내가 작고 가난한 교회 목사라는 것과 형제들의 사회적 형편을 말해주고 있었습니다. 삼십 년을 넘게 목회를 했는데 아버지 장지(葬地) 하나를 준비하지 못한 자신이 그 때는 참 괴로웠습니다. 그렇게 괴로운 마음으로 아버지의 유골을 증조부님 곁에 모셨습니다.

그렇게 장례를 마치고 두 주일을 보낸 후에 서류를 챙겨서 아버지의 사망신고를 하러 갔습니다. 가까운 곳에 사는 동생도 있지만 제 손으로 내고 싶었습니다. 아버지는 나를 세상에 오게 했고 그 분의 손으로 제 출생신고를 하셨습니다. 그리고 그 분의 손에 자랐습니다. 그래서 아버지의 이 세상에서 마지막 절차를 제 손으로 해드리고 싶었던 것입니다. 그것이 나를 이 땅에 오게 하고, 이 세상에 공적인 법인(法人)으로 살게 하신 은공에 대한 보답이라고 생각했기 때문입니다.

사망신고서란 아버지가 더 이상 이 세상 분이 아니라는 법적인 공인과 같고 이 세상에서의 부재(不在)를 공식화하고 한 개인의 역사의 종지부를 찍는 것입니다. 그날 이런 작업을 하기 위하여 가는 길에 마른 잎들이 차창을 때리며 흩날렸습니다. 낙엽이 찬바람에 휘날리는 하늘은 잿빛이었습니다. 무거운 마음으로 창구에 서류를 내밀자 창구직원이 안쪽으로 들어가라고 했습니다. 가리킨 곳으로 찾아가 용무를 말하고 서류를 내밀자 그는 앉으라고 하고는 찬찬히 서류를 점검하며 몇 군데를 수정 보강한 후에 나를 보더니 단 한 마디를 했던 것입니다. "가셔도 됩니다."

조금은 뜻밖이었습니다. 한 사람, 아니 한 가정의 아버지가 돌아가신 일을 처리하는 것이라 헛 인사라도 있을 줄로 생각했기 때문입니다. 저라면 "장수하셨네요. 섭섭하시지요?" 이런 인사말이라도 건넸을 것입니다. 그런데 그 사무적인 말에 비로소 내가 위로받고 싶었다는 사실과 아울러 내게 더 이상 이 세상에 아버지가 안 계시고, 아버지 없는 아들이 되었다는 사실이 확 깨달아졌습니다. 면사무소를 걸어 나오는 발걸음이 흔들렸습니다. 흔들리는 걸음을 바로하며 나와 차 옆에 서자 추수가 끝나고 비인 논이 눈에 들어왔습니다. 그 텅 빈 논처럼 휑한 가슴에 찬바람이 지나갔습니다. 그리고 장례를 모실 때에 느끼지 못한 또 다른 슬픔과 후회가 몰려왔습니다.

가신 것이라고 생각했지만 그렇게 가시리라고는 생각하지 못했던 것입니다. 더 오래 사실 것 같이 마치 언제나 계실 것과 같이 생각했던 것입니다. 부모는 가고 있지만 가는 것을 알지 못하고 언제나 곁에 계실 것 같이 여기는 것이 자식이라는 것을 깨달았습니다. 가신다고 생각했다면 그날 아침 그렇게 침대에 끌어 올려 드리자마자 따뜻한 말 한 마디 없이 제 사무를 보러 돌아서지 않았을 것입니다. 그래서 일주기를 맞는 지금 가슴 한쪽이 저립니다.

깊은 밤 창밖에서 바람에 낙엽 구르는 소리가 들립니다. 꼭 이때쯤입니다. 어린 저를 데리고 뒷산에 가시더니 톱으로 소나무를 잘라서 손수 팽이를 깎아 주시던 아버님 생각이 납니다. 초겨울 밤이 깊습니다. 깊어가는 겨울 밤 만큼 그리운 마음도 깊어지고 후회도 깊어집니다. 아버님은 저를 세상에 오게 하시고 그 손으로 제 출생신고를 하셨습니다. 그리고 그 아들은 자기 손으로 아버지의 사망신고서를 내고 이 세상에서 아버지의 역사를 마감했습니다. 그렇게 아버지 시대는 가고 지금은 아들의 시대입니다.

그러나 이제 얼마의 세월이 더 가면 또 그렇게 제가 한 것과 같이 제 아들이 제 사망신고서를 내게 될 것입니다. 그리고 그때 저는 다시 아버지를 만날 것입니다. 우리 인생은 이렇게 가고 오지만 그때야 비로소 우리는 다시 분리가 없이 함께 있게 되고 서로를 온전히 알고 이해하며 사랑하게 될 것을 그리스도 안에서 압니다.

　"다 되었습니다. 가셔도 됩니다." 이렇게 보면 아버지 사망신고서를 내던 날 내게 던진 무심한 공무원의 말은 아주 상징적입니다. 내가 아버지께 가야할 때 그 말처럼 여한 없이 갈 수 있고 후회 없이 보내는 인사말이 되기를 나는 소망합니다. 그리로 기꺼이 부르시는 주님의 초청의 말씀이기를 나는 기도합니다.

둥지를 떠나보내는 어미 새 같이

-아비의 둥지를 떠난 아기 새야! 부디 아빠가 날아보지 못한 하늘을
더 높이 그리고 멀리 나는 새가 되어 돌아 오거라!
그날까지 너를 처음 안았을 때 보았던 네 맑은 눈을 항상 그리워하겠다.
네 반짝이는 눈을 보며 세례를 주던 날의 기쁨과 기대를 결코 잃지 않겠다.
그리고 너를 위해 기도하마!
이제 날개를 활짝 펴고 너의 새 하늘을 힘차게 날아오르려무나!-

아들을 미국으로 보내던 날 공항으로 가는 길은 태풍 "모
라곳"의 영향으로 줄기차게 비가 내리고 있었습니다. 그날
로 2년 후 딸을 미국으로 보내는 오늘은 태풍 "무이파"가 지
나갔지만 하늘은 흐리기만 했습니다. 공항으로 가는 길은
조금씩 비를 뿌리고 있었습니다. 흐린 하늘, 가끔 뿌리는 빗
방울은 딸을 보내는 아비의 마음을 더욱 무거워지게 하고
있었습니다.

아들을 보낼 때는 마음에 부담이 없는 것은 아니지만 기
쁨으로 보냈습니다. 아들이 미국유학을 고학(苦學)으로 잘

해내고 있는 것을 생각하면 기쁘게 보낼 수 있으련만 그렇지 못한 것은 딸이기 때문만은 아닙니다. 사실은 유학을 시킬 능력도 없고 대책도 없으면서도 마치 둥지를 떠내 보내는 어미 새와 같이 딸을 떠내 보냈고, 딸은 2년간 자기가 벌어서 미국으로 갔습니다. 부모가 해준 것은 비자 수속과 편도 항공티켓뿐입니다.

제가 이런 형편에도 딸을 미국으로 보낸 것은 이런 이유 때문입니다. 우선 그 애의 공부가 마무리되지 못했기 때문입니다. 필리핀에서 대학을 한 경우 국내 대학원에 진학을 하든지 아니면 미주로 진학을 해야 합니다. 한국적인 상황에서 대학까지는 부모슬하에서 공부를 해도 대학원은 제 힘으로 해야 한다는 것이 제 지론이고, 그럴 바에야 오히려 미국이 더 유리하다는 판단을 했습니다. 여행이 자식을 성숙하게 한다면 정말 먼 나라에서 고학으로 해야 할 유학이야말로 진정한 믿음과 기도를 배우게 하리라고 믿기 때문입니다. 딸도 원하기는 했지만 이런 이유로 제가 떠밀다시피 해서 보내는 유학이니 어찌 제 마음이 편하겠습니까? 거기에다 가는 지역이 고학이 유리한 지역도 아니고 미국의 경제가 저렇게 흔들리고 있으니 말입니다.

이 글을 쓰고 있는 지금쯤은 딸은 미국의 어느 하늘을 날고 있을 것입니다. 그리고 그 낯선 하늘 아래서 두려움과 설렘으로 새로운 자기 인생을 제 오빠와 같이 열어갈 것입니다. 체중 미달로 태어나 인큐베이터에 있다가 집으로 온 딸, 네 살이 되도록 아빠의 손 위에 서던 엄지공주! 초등학교 5학년까지 아빠의 무릎 위에서 아빠 귀를 만지던 애기가 저렇게 제 힘으로 제 인생을 열기 위해 용감하게 둥지를 떠나가는 것이 대견하기는 합니다.

이제 얼마의 세월이 가면 저도 아비처럼 제 자식을 둥지에서 밀어내는 부모가 되겠지요? 그리고 둥지에서 밀어내는 어미 새의 심정을 알 것입니다.

<아비의 둥지를 떠난 아기 새야! 부디 아빠가 날아보지 못한 하늘을 더 높이 그리고 멀리 나는 새가 되어 돌아 오거라! 그날까지 너를 처음 안았을 때 보았던 네 맑은 눈을 항상 그리워하겠다. 네 반짝이는 눈을 보며 세례를 주던 날의 기쁨과 기대를 결코 잃지 않겠다. 그리고 너를 위해 기도하마! 이제 날개를 활짝 펴고 너의 새 하늘을 힘차게 날아오르려무나!>

썩 잘 산 침대 하나

-결국 인생은 선택입니다. 그리고 믿음은 최선을 선택하는 능력입니다.
잘 산 침대는 자식 다 키우고 부모 모시는 정도이지만,
믿음의 선택은 우리와 우리들의 자녀와 모든 가족에게
최선의 삶을 살게 할 뿐 아니라, 영원한 행복을 누리게 할 것으로 믿습니다.-

어저께 창고에서 물건을 찾다가 분해되어 구석자리를 곱게 차지하고 있는 아이들이 쓰던 이층침대가 눈에 늘어왔습니다. 거기에는 지금은 안 쓰는 구형 텔레비전들과 VTR과 선풍기와 프린터는 물론이고, 심지어 아이들이 쓰던 책상과 사용하지 않는 세간들이 보관되어 있습니다. 이것들을 둘러보다 "저 침대 하나는 참 잘 샀다!"라는 생각이 새삼스러워지고 불현듯이 지난 세월이 떠올랐습니다.

우리교회에 부임할 당시 돌이 안 된 첫 아들을 안고 부임했습니다. 그리고 연년생으로 딸을 두었습니다. 오빠가 네 살이 되어 방을 따로 쓸 때가 되었습니다. 그래서 아이들이

거부감 없이 자기들의 방으로 가도록 '침대' 를 사주기로 했습니다. 침대 사주기를 벼르면서 살펴보니 대부분의 가정에서 아이들을 위하여 이층 침대를 사주지만 이게 너무 약해서 겨우 아이 때 쓰면 그만이거나, 아니면 못쓰게 되어 다시 사는 형편이라는 알게 되었습니다. 그래서 이층 침대를 사되 아이 때만 아니라 자란 후에도 계속해서 쓸 수 있는 튼튼한 것으로 구입하기로 했습니다. 그것이 안전은 물론 경제적으로도 이익이라는 계산을 했습니다.

문제는 돈이었습니다. 그래서 차일피일하다가 결단을 하고 늦은 가을 어느 날 가까운 수원으로 아내와 아이들 침대를 사러 나갔습니다. 팔달문 주변의 시장입구의 가구점 몇 개를 지나다 한 가구점에 들어가서 아이들이 쓸 이층 침대를 사려고 하는데 튼튼한 것을 보자고 했습니다. 그러자 주인이 안쪽에 있는 침대 하나를 보여주며 설명을 해주었는데 그것이야말로 제 눈에 쏙 드는 제가 찾던 그런 침대였습니다.

그 침대는 삼익에서 만든 것으로, 우선 아주 굵직하여 재목으로 써도 손색이 없을 만큼 듬직한 둥근 침대기둥이 눈에 쏙 들었고, 매트리스 받침대도 판자로 튼튼하게 만들었을 뿐만 아니라, 매트리스는 스프링을 질 좋은 것으로 쓴 일반 침대용이며, 거기에다 아이들이 자라서 각 방을 쓰게 되면 따로 쓸 수 있도록 분리형이었고, 그래서 칸막이도 분리형으로 되어있는 것이 마음을 사로잡았습니다. 정말 제가 원하는 그런 침대였고 조립하는 부속품까지도 마음에 들지 않는 것이 하나도 없었습니다.

그러나 단 하나 문제는 칠십만 원인가 팔십만 원인가를 부른 가격이었습니다. 그때가 1980년대 말이니 결코 작은 돈이 아닐뿐더러 그때 제 한달 생활비가 백만 원을 조금 넘었으니 거금인 셈입니다. 조금 망설여졌지만 아내와 나는 부담은 되어도 이걸 사는 것이 절약이라는데 마음을 같이 하고, 과감하게 카드 할부로 결제를 하고 돌아왔습니다. 이튿날 배달 온 분들이 침대를 조립해서 아이들이 쓸 방에 놓아 주었습니다. 그날 아이들이 기뻐하던 모습이 지금도 눈에 선합니다. 물론 깍쟁이 동생이 위층을 차지하고 착한 오빠가 아래 칸을 사용했습니다.

이렇게 이 침대에서 아이들은 자라서 학교에 입학하고 드디어 자기 방을 써야 하자 침대를 분리하여 저희들 방에다 하나씩 놓아 주었습니다. 그 침대를 쓰며 초등학교와 중학교를 졸업하고, 아이들은 필리핀으로 가서 하이스쿨과 대학을 다녔습니다. 그리고 돌아와서 그 침대를 사용하다가 미국으로 유학을 갔습니다.

아들이 미국으로 가고 다음해 초봄에 어머니가 뇌졸중이 왔습니다. 퇴원하신 후 그 두 개의 침대에 양친(兩親)을 모셨습니다. 재미있는 것은 아버님은 침대를 오르실 때 침대에 앉아서 오르시는 것이 아니라 마치 댓돌을 밟고 마루에 오르시는 것과 같이 침대를 밟고 오르셨습니다. 노인이라도 뼈대가 굵으시고 키가 크신 아버님이 침대를 그렇게 사용하셔도 침대는 아무런 문제도 발생하지 않았다는 점입니다.

결국 아버님은 2년 후 추수감사절 아침 며느리가 가지고 간 조식을 조금 받으시고 그 침대에서 며느리 품에서 임종하셨습니다. 그러니 그 침대 하나로 두 자식들을 다 키우고, 늙으신 양친까지 공양한 셈이니 침대 하나는 잘 사도 아주 썩 잘 산 것이 아니겠습니까?

저 침대에서 철없이 뛰며 좋아하던 아이들을 보던 시절이 참 그립습니다. 그리고 그 침대를 댓돌 오르시듯 하시던 아버님을 생각하면 빙그레 웃음이 나옵니다. 그 침대 위에서 낭랑한 목소리로 시간시간 성경을 읽으시며 기도하시던 아버님의 목소리도 그립습니다. 그리고 "순간의 선택이 10년을 좌우합니다!"라고 했던 그 시절 광고 카피가 생각납니다.

결국 인생은 선택입니다. 그리고 믿음은 최선을 선택하는 능력입니다. 그리고 최선의 선택에는 제가 그 침대를 선택하는데 한 달 생활비에 해당하는 대가를 치르고 일 년간 카드 값을 갚은 것과 같이 비싼 대가를 지불해야 하는 법입니다. 잘 산 침대는 자식 다 키우고 부모 모시는 정도이지만, 믿음의 선택은 우리와 우리들의 자녀와 모든 가족에게 최선의 삶을 살게 할 뿐 아니라, 영원한 행복을 누리게 할 것으로 믿습니다.

이제 아이들이 미국에서 공부를 마치고 집으로 돌아오면 다시 그 침대를 꺼내서 설치해 줄 것입니다. 그때를 위하여 보관해 두고 있기 때문입니다. 그 침대를 잠깐 사용하다 가정을 이루면 저희들이 장만한 다른 침대로 가겠지요? 그러나 분명 그때까지는 저희들 어린 시절을 보낸 침대를 보며 행복한 추억에 잠길 것이고, 아빠 엄마가 침대 하나는 참 잘 샀다고 생각할 것입니다. 그리고 무엇보다도 그 침대를 보며 절약과 더불어 항상 최선의 선택을 할 수 있는 믿음의 지혜를 배우기 원하는 것은 지나친 욕심일까요? 잘하면 대를 물려 그 침대에 손자를 키우게 되지 않을까요? 침대 상태는 충분합니다만, 놀러온 손자들에게 "애들아 저 침대 네 아빠 엄마가 애기 때 쓰던 침대란다!" 이렇게 말해 주게 된다면 멋지지 않겠습니까?

강아지와 아이들

-그래 이 귀엽고 착한 것들아, 제발 비노니 언제까지든지
그 마음을 잃지 말고 그 곱고 따뜻한 마음과 눈을 가지고 세상을 살아가거라."
그리고 나는 속으로 이렇게 탄식했습니다.
"아, 어른들이란 얼마나 때 묻은 존재들인가? 동심은 아름다워라"고…!-

지난주일 주일학생 하나가 강아지 한 마리를 데려와서 사택에 두고 지산농원에서 개최한 가정의 밤 행사에 참여했다가 강아지를 교회에 두었다는 사실을 잊어버리고 집으로 돌아갔던 모양입니다. 가정의 밤 행사를 마치고 돌아와 보니 그 강아지는 벌써 아무데나 일을 보아두고 배가 고픈지 깨갱거리고 있었습니다. 별 수 없이 그 오물을 치워내고 투덜대며 먹이를 주는 나와 달리 아이들은 눈을 반짝이며 즐기워하고 있었습니다. 그렇지 않아도 강아지를 기르자고 졸라대는 것을 교회 집에서는 개를 기를 수 없다고 설득해 오던 아이들이었기 때문입니다.

문제가 생긴 것은 예상대로 그 이튿날 유치원 아이들이

등원하고 부터였습니다. 아이들에게 그 강아지만한 신나는 장난감(?)이 또 어디 있겠습니까? 자연히 아이들이 서로 만지려고 하고 결국 수업에 문제가 생기자 그만 선생님은 그 강아지를 옆에 있던 쓰레기통에 담아두고 접근을 금지시켰던 모양입니다.

사태가 이렇게 돌아가자 아들 녀석이 방으로 들어와 아빠에게 "강아지를 차를 태워서 데려다 주자"고 했던 것입니다. 한창 강론준비에 열중해 있는 목사에게 이게 가당키나 한 소리입니까? 이 되지도 않을 소리를 짐짓 외면하다가 문득 보니 아들의 그 왕방울 같은 눈에 눈물이 그렁그렁한 것이 아닙니까?

아들 녀석은 선생님이 강아지를 쓰레기통에 담아 두자 버리는 것으로 생각했거나 강아지를 쓰레기 취급한다고 느꼈던 모양입니다.

그래서 나는 강아지는 사람이 아니니 쓰레기통에 담아 두어도 되고, 아이들이 자꾸 만져서 그러는 것이니 강아지에게도 좋은 것이다, 라고 설득하며 "불쌍하냐?"고 물으니 그만 아빠의 가슴에 얼굴을 묻고 울음을 터뜨리는 것이 아닙니까? 그리고 밖에서는 딸내미가 식당 봉사를 하시는 집사님을 붙잡고 "왜 강아지를 버리느냐?"고 성화였습니다.

안에서 이 성화를 들으며, 아빠는 울먹이는 아들 녀석을 품에 안고 다독거리며 속으로 이렇게 말했습니다. "그래 이 귀엽고 착한 것들아, 제발 비노니 언제까지든지 그 마음을 잃지 말고 그 곱고 따뜻한 마음과 눈을 가지고 세상을 살아가거라." 그리고 나는 속으로 이렇게 탄식했습니다. "아, 어른들이란 얼마나 때 묻은 존재들인가? 동심은 아름다워라"고…!

"하나님도 건강하게 해 주시고"

-사실은 가정예배를 드리면 요런 재미, 요런 행복도 덤으로 누릴 수 있다.
그러니 요런 고소한 재미를 보시려면 당신도 한번 가정예배를 드려보시라!
이겁니다. 그렇습니다. 당신의 가정에서 가정예배가 드려진다면
당신의 가정은 행복이 가득해질 것으로 확신합니다.
그래서 당신은 이렇게 소리치고 싶은 충동을 느끼게 될 것입니다.
"우리 집보다 더 행복한 집 있으면 나와 보라고 해!"-

"하나님도 건강하게 해주시고." 이 말은 얼마 전 가정예배 시간에 딸아이가 드린 기도 중의 한마디입니다. 그날도 자기 기도차례가 된 우리 공주는 전에 늘 하던 대로 "할아버지도 건강하게 해주시고, 할머니도 안 아프게 해주시고, 고모도 삼촌도 영하도 건강하게 해주시고." 이렇게 사촌 동생의 건강까지 기도하는 특유의 기도를 엮어나가다가 급기야 "하나님도 건강하게 해 주시고"라고 했던 것입니다. 하나님께 건강을 빌면서 하나님도 건강하게 해 주시라니! 터져 나오려는 웃음을 꾹꾹 눌러 감추며 가정예배를 마치고 나서 생각해보아도 자꾸만 빙긋 웃음이 나왔습니다.

그러다가 문득 우리 공주의 그 얼토당토않은 그 기도가 틀린 것만은 아니라는 결론에 도달했습니다. 기도의 우선순위가 하나님이시라는 것은 주기도의 순서가 증명하는 것이며, 시편에는 "여호와를 송축하라"는 권면이 가득하기 때문입니다. 많은 이들이 하나님의 영광과 그 나라를 위하여 기도하기보다는 자신을 위하여 기도하기에 급급하다면 하나님의 건강을 위하여 기도하는 것이야말로 얼마나 순진하며 순수하고 아름다운 동심의 기도가 아니겠습니까?

그래서 나는 이렇게 외치고 싶은 충동을 느꼈습니다. "우리 딸 말고 하나님 건강을 위하여 기도한 사람이 있으면 나와 보라고 해!" 아니? 목사님이 별시시한 얘기를 다 하신다고요! 사실은 가정예배를 드리면 요런 재미, 요런 행복도 덤으로 누릴 수 있다. 그러니 요런 고소한 재미를 보시려면 당신도 한번 가정예배를 드려보시라! 이겁니다. 그렇습니다. 당신의 가정에서 가정예배가 드려진다면 당신의 가정은 행복이 가득해질 것으로 확신합니다. 그래서 당신은 이렇게 소리치고 싶은 충동을 느끼게 될 것입니다.

"우리 집보다 더 행복한 집 있으면 나와 보라고 해!"

성장과 생의 수고

-책임과 수고를 두려워하여 성장하기를 포기할 사람이 있을까요?
일하기가 힘들다고 가장이 되는 행복을 포기할 수 있을까요?
아기로만 있다면 어찌 아빠가 되고 엄마가 되는 행복을 알겠습니까?
어찌 인형을 안고 노는 것과 아기를 안는 것과 비교할 수 있을까요?-

ㄴ

"내가 갓난아기였으면 좋겠어요." 이른 아침 자리에서 막 깨어난 딸애가 아빠를 올려다보며 한 말입니다. 이 말은 딸아이가 삶을 생각하기 시작했다는 말입니다. 살아가는 데는 대가를 지불해야 한다는 사실을 깨닫기 시작했다는 말이기도 하고, 자기가 성장하는 것만큼 책임량이 늘어간다는 것을 알았다는 이야기입니다.

이제 다섯 살짜리가 삶의 고통(苦痛)을 깨달은 것입니다. 그래서 웃음을 참으면서 까닭을 묻자 "유치원에 안 가도 되고"라는 것이었습니다. 유치원이래야 사택 안에 있는 교육관에서 유치원을 하고 있기 때문에 방문만 열고 나가면 유치원이고, 그것도 제 엄마가 운영을 책임지는 유치원이지만 나름 제게는 힘들고 애로가 있다는 이야기입니다. 그래서 유치원 안 가도 되는 갓난아기로 되돌아가고 싶다는 말이 아니겠습니까?

이 심각한(?) 딸의 말에 나는 웃음을 참으며 "다시 아기가 되면 너 좋아하는 아이스크림도 못 먹고 목욕탕에도 갈 수 없으며, 아빠와 놀러가지도 못하는데 그래도 좋으냐?" 라고 물었습니다. 그러자 옆에 있던 연년생 오빠인 아들 녀석이 "그럼 너 오락 게임도 못 한다." 며 거들었습니다. 동생은 이제 자라는 만큼 삶의 수고와 책임이 따르므로 힘이 든다는 사실을 알았다면, 오빠는 그만큼 삶의 보람과 재미도 있다는 것을 알았다는 이야기입니다. 그날 아침 나는 참 행복한 아빠가 되었습니다. 어린 자식들이 인생을 깨달아 가고 있다는 것을 발견하는 것은 참 다행스럽고 행복한 일이기 때문입니다.

그렇습니다! 인생이란 성장하는 만큼 책임도 늘어가고 수고도 많아집니다. 사실 인생을 학교에 가서 공부를 해야 하고, 취직해서 처자식 먹여 살려야 하고, 이런 식으로 생각하면 인생이 아득해지고 다시 아기가 되고 싶은 것이 모두의 심리가 아니겠습니까? 그럴지라도 그 책임과 수고를 두려워하여 성장하기를 포기할 사람이 있을까요? 일하기가 힘들다고 가장이 되는 행복을 포기할 수 있을까요? 아기로만 있다면 어찌 아빠가 되고 엄마가 되는 행복을 알겠습니까? 어찌 인형을 안고 노는 것과 아기를 안는 것과 비교할 수 있을까요?

그럼에도 우리는 성장의 수고와 대가를 지불하기를 싫어해서 성장하고 발전하는 삶에 이르지 못할 뿐만 아니라 영적으로 여전히 어린아이의 신앙으로 물가에서만 서성이고 있는 신자는 아닌가를 성찰해봅시다. 우리가 제자의 풍성한 삶을 누리지 못함은 마치 설악산에 가서 대청봉에 오르기가 겁이나 겨우 비선대나 가보는 것과 같이 순전히 성장에 드는 대가를 지불하기를 두려워하고 있기 때문입니다. 우리 아이들뿐만 아니라 우리 성도들이 성장에 따른 풍성한 삶을 알기를 소망합니다. 그리하여 제자가 되는 대가를 지불하기를 두려워하지 않는 성도들이 되기를 열망하는 중입니다.

미나리아재비 꽃을 보며

-지금까지 참 험한 시절을 보내는 동안에도
그해 미나리아재비 꽃 옆에서 꽃보다 환하게 피던 그 미소로
함께 해 준 아내가 고맙습니다. 그리고 지금까지 핀 것보다
몇 곱절의 미나리아재비가 피고 질지라도
아내가 여전히 그때의 미소를 가지게 하는 남편이 되기를,
그리고 그 미소를 가져주기를 기도합니다. -

창밖에 신록이 우거지는 숲 아래로 미나리아재비 꽃이 한창입니다. 해마다 오유 월이면 드러눕고 싶은 풀밭에 여러 들꽃들의 향연이 펼쳐지지만, 미나리아제비 꽃은 그 샛노란 빛으로 군계일학처럼 눈에 띄는 꽃입니다. 시골뜨기인 내게는 그저 흔한 들꽃 중의 하나일 뿐이었던 미나리아제비 꽃이 내게 특별하게 된 것은 아내 때문입니다.

우리는 사월 말일에 결혼했습니다. 제주에서 허니문을 보내고 돌아와 주일을 보내고 아내와 함께 본가(本家)를 찾았습니다. 본가는 허름한 농가주택(農家住宅)이지만 개나

리 울타리가 둘려지고 울안에는 등나무와 호두나무, 살구나무가 있어서 그 허름함을 상쇄하여 전원풍을 띠고 있었습니다. 본가에 들어선 아내는 농가주택의 그 초라함이 아니라 그 시골풍을 보고 감탄해 주었습니다. 저는 그 시골집이 부끄러울 것이야 없지만 아내 앞에 자랑스러울 것도 없었습니다. 처음 데려가는 시가가 번듯해야 남편 된 사람도 떳떳하고 아내 된 이의 마음도 편할 것이 아니겠습니까? 이런 제게 어린아이처럼 좋아하는 아내가 고마우면서도 한편으로 미안했습니다.

인사를 마치고 집 뒤의 텃밭에 나가자 밭둑에 미나리아재비 꽃이 가득 피어 있었습니다. 그해 따라 미나리아제비는 잘 되어 있었습니다. 아내는 그 샛노란 미나리아재비 꽃에 탄성을 올리며 무슨 꽃이냐고 이름을 물으며 사진을 찍자고 했습니다. 사진을 찍으려고 꽃 옆에 아내를 앉히니 미나리아재비 꽃은 거의 아내의 앉은키만 했습니다. 미나리아재비 꽃 옆에서 미나리아재비 꽃보다 더 환한 미소로 포즈를 잡는 아내가 비로소 믿음직한 반려자로 느껴졌습니다. 그 후로 미나리아재비 꽃을 보면 그때의 아내의 모습이 떠오릅니다. 그래서 유심히 보는데 지금껏 그때처럼 크게 자란 미나리아재비를 보지 못해서 미나리아재비 꽃이 이렇게 키가 작은 꽃인가 하는 생각이 듭니다.

　신행에 미나리아재비 꽃 핀 본가를 찾은 후 미나리아재비는 스물 몇 번을 더 피고 졌습니다. 그 사이에 아이들은 대학을 졸업하고 졸업반이 되었고 이제는 늙으신 양친을 모시고 있습니다. 올해도 어김없이 노랗게 핀 창밖의 미나리아재비 꽃을 내다보다 문득 아내가 고맙다는 생각이 듭니다. 지금까지 참 험한 시절을 보내는 동안에도 그해 미나리아재비 꽃 옆에서 꽃보다 환하게 피던 그 미소로 함께해준 아내가 고맙습니다. 그리고 지금까지 핀 것보다 몇 곱절의 미나리아재비가 피고 질지라도 아내가 여전히 그때의 미소를 가지게 하는 남편이 되기를, 그리고 그 미소를 가져주기를 기도합니다.

　미나리아재비의 꽃말은 '말발자국' '천진난만' 입니다. 이것은 아내에게 어울리는 꽃말입니다. 그는 내 생애에 은총과 질곡을 함께 하면서도 지금도 신혼 적의 천진난만함과 팔남매의 막내의 천진함 그 자체로 있기 때문입니다. 내년 미나리아재비가 피면 우리 부부는 새로운 은총(恩寵)의 족적(足跡)을 남길 것으로 믿습니다.

"복이었습니다."

-그러면 당신도 부모를 여의게 되는 날,
부모의 장례를 마치는 자리에서 "모실 수 있어서 복이었습니다."라고
말할 수 있는 멋진 사람이 될 것입니다.
그 회한(悔恨)의 자리에서 그렇게 말할 수 있는 이야말로
복 받은 복인 아니겠습니까?-

"복이었습니다." 이 말은 수진동교회 목사님이 작년 여름 부친의 하관예배를 마치고 제게 한 말입니다. 수진동교회 목사님은 어렵게 공부하신 분입니다. 그의 부친은 본래는 믿지 않는 분이셨고, 그래서 신학수업 때 도움을 구하는 아들의 청을 거절하셨다고 합니다. 그런 분이 중풍으로 쓰러지자 형제들이 있었지만 결국은 장남인 목사님이 모시게 되었습니다. 그래서 부친은 교회에서 살게 되어 결국은 예수님을 믿을 수밖에 없게 되었습니다.

게다가 부친은 중증이어서 대소변을 받아내는 형편이었

습니다. 종내는 음식마저도 먹여주어야 했습니다. 그렇게 8년을 모셨습니다. 목사님이야 그렇다고 해도 시아버지를 구완하던 사모님은 얼마나 어려웠겠습니까? 결국 작년 한여름 폭염에 돌아가셨고, 그간의 형편을 잘 아는 제가 하관예배를 마치고 인사하는 그에게 "그동안 고생 많으셨지요? 참 애쓰셨습니다."라고 위로하자, 그 목사님은 "모실 수 있게 된 것이 복이지요."라고 답례했던 것입니다.

그 목사님의 효성에 감명을 받은 것보다도 모실 수 있는 것이 복이라는 말씀에 더 큰 감동을 받았습니다. 저도 지난 2월 어머니의 병환으로 부모님을 모시게 되었습니다. 제가 부모를 모셨다는 소식을 들은 나이 많은 한 동창목사님은 제게 전화하며 "경사 났네! 라 목사!"라고 인사했습니다. 부모님을 모시게 되어 축복 받게 되었으니 경사라는 것이지요. 그렇습니다. 부모는 부담이 아니라 축복입니다. 그래서 기독교는 십계명 중에 부모를 공경하라는 5계명을 약속이 있는 첫 계명이라고 부릅니다. 부모는 부담이 아니라 축복이라는 겁니다. 부모를 부담이 아니라 축복으로 안다면 부모에 대한 우리의 태도가 달라질 것입니다.

지금 고생이 되어도 부모를 모시는 것이 축복되고 우리의 장래를 복 되게 하는 길입니다. 그것은 무엇보다도 자녀를 복 되게 하는 길이 됩니다. "孝順은 孝順子 하고, 오역(悟逆)은 悟逆子"하기 때문입니다. 어버이날을 보내며 "네 아버지와 어머니를 공경하라 이것은 약속이 있는 첫 계명이니 이로써 네가 잘되고 땅에서 장수하리라"(엡 6:2-3)는 말씀의 의미를 다시 한 번 새겨봅시다.

그러면 당신도 부모를 여의게 되는 그날, 부모의 장례를 마치는 자리에서 "모실 수 있어서 복이었습니다."라고 말할 수 있는 멋진 사람이 될 것입니다. 그 회한(悔恨)의 자리에서 그렇게 말할 수 있는 이야말로 복 받은 복인 아니겠습니까?

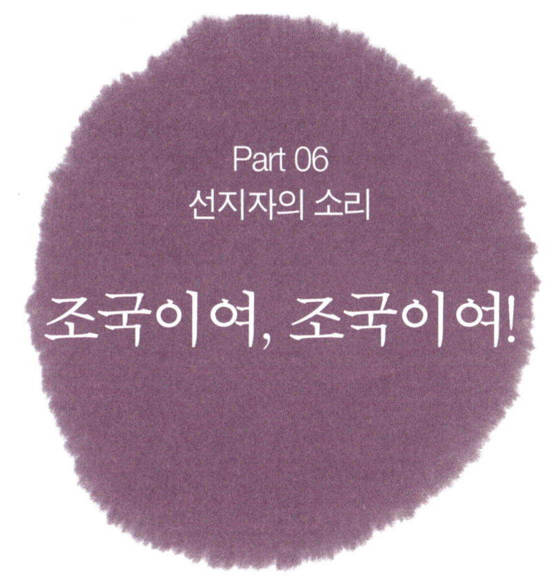

- '민족' 이 곧 초가삼간입니다.
전쟁은 민족이라는 초가삼간을 태우는 죄악입니다.
'평화통일' 은 우리가 기필코 이루고 지켜내야 할 또 하나의 초가삼간입니다.
'군사독재의 대가' 를 지불하면서까지 쌓아온 '한국경제' 라는 공든 탑 역시
호박씨 까먹듯 한입에 털어 넣을 수 없는 소중한 초가삼간일 것입니다.-

- 본문 중에서 -

노무현 대통령을 보내며

-자살이라는 정치적 선택을 해야 했던 고인에게 연민과 더불어
참회를 고백합니다. 조국교회가 당신을 한 정치인 이전에
한 영혼으로 사랑하지 못한 것을, 그래서 고인을
영적 부엉이 바위에 홀로 있게 한 것을 한 목사로 가슴 아파합니다.-

내일이 국민장(國民葬)입니다. 이제 내일이면 고 노무현
대통령은 자신이 온 흙으로 돌아가게 됩니다. 국민장을 앞
두고 그에 대한 추모의 열기는 식을 줄을 모르고 있습니다.
그렇게들 모진 소리를 많이들 했는데도 고인에 대한 추모의
열기를 보면 언제 저렇게 고인의 지지자(支持者)가 많았나
싶기도 하고, 세상인심이라는 것이 얼마나 무섭고도 무상한
것인가를 절감케 됩니다.

이렇게 추모의 열기가 뜨거운 것은 일국의 대통령에 오른
이가 그런 식으로 생을 마감해야만 했던 처지에 대한 동정
과 동병상련의 감정이입이 이루어졌기 때문이기도 하겠지

만, 더 직접적인 원인은 이 땅의 온전한 민주주의에 대한 위기의식에 기인한다고 봅니다.

현 집권세력이 집권한 이후 이 땅의 민주주의를 걱정하는 시민들은 독재적인 태생 배경을 가진 이 집권세력이 어렵게 이룬 민주적 성과를 되돌리지 않을까? 하는 우려(憂慮)를 가지고 있었습니다. 이런 우려가 폭발한 것이 이른바 미국산 쇠고기 파동으로 일어난 촛불집회였습니다. 그러나 현 집권세력은 이런 촛불의 의미를 읽지를 못하고 촛불에 데기만 했습니다. 촛불은 현 집권세력의 위기의식만 키웠습니다. 그 결과 촛불이 꺼진 후에 가혹하게 촛불을 처벌하려다 신용철 대법관의 문제를 야기했고, 사실상 실각한 것이나 다름없는 노무현 전 대통령을 1년이 넘게 조사하여 그 영향력을 시민사회에서 완전히 말소시키려 했던 것입니다.

현 집권 세력의 이런 시도는 이번 노무현 대통령의 서거로 오히려 역풍을 맞고 말았습니다. 노 대통령의 서거는 이 땅에 건재(健在) 하는 기득세력의 실체를 직시하게 했을 뿐만 아니라 분열했던 민주세력도 자기성찰을 강요받았기 때문입니다. 이렇게 보면 노 대통령의 자살은 이런 정치적 선택이었다는 생각을 지울 수 없습니다.

어쨌든 우리는 이 땅에서 김구 선생과 비슷한 노선을 걸었던 민족 우선적이고 서민적이며 정직했으나 그 의를 펴지 못한 대통령을 보내야 합니다. 내일 노 대통령을 보내며 그의 장례와 함께 이 땅의 의로운 정신과 정직한 삶의 방식을 비웃는 어둠의 세력이 함께 장사되어 이 땅에서 다시는 의롭고 선한 기운이 꺾이는 일이 없는 나라가 되기를 소망합니다.

그리고 자살이라는 정치적 선택을 해야 했던 고인에게 연민과 더불어 참회를 고백합니다. 조국교회가 당신을 한 정치인 이전에 한 영혼으로 사랑하지 못한 것을, 그래서 고인을 영적 부엉이 바위에 홀로 있게 한 것을 한 목사로 가슴 아파합니다. 어쩌면 지금도 또 다른 부엉이 바위에서 홀로 있는 위기의 영혼들이 우리 곁에 있을지도 모릅니다. 그래서 복음은 화급(火急)한 것입니다. 조국교회와 우리 은혜로 가족이 이 부름에 이사야처럼 화급히 응답하여 나가야 하지 않겠습니까? 또 다른 영적 부엉이 바위의 위기의 영혼이 홀로 있지 않도록 말입니다.

사월의 진달래는 여전히 붉었다

-믿음은 넓은 길이 아닌 좁은 길을 택하고 걷게 하는 능력입니다.
4.19 혁명 50주년을 맞는 조국교회에 필요한 것은
선지자의 좁은 길을 가게 하는 이 믿음의 능력을 회복하는 것입니다.-

금년 꽃샘추위는 유별합니다. 4월인데도 저렇게 한 겨울같이 눈이 내리기 때문입니다. 그러나 제아무리 추위가 봄을 시샘해도 오는 봄을 막을 순 없는 법입니다. 4월의 하늘 아래 눈발이 날려도 4월의 진달래는 여전히 붉게 피어났기 때문입니다. 창가에서 올해도 여전한 빛으로 붉게 피어난 진달래를 지켜보다 이은상님이 쓰신 4.19묘지 묘비명(墓碑銘)의 마지막 부분이 생각났습니다.

"해마다 4월이 오면 접동새 울음 속에 그들의 피 묻은 하소연이 들릴 것이요 해마다 4월이 오면 봄을 선구하는 진달래처럼 민족의 꽃들은 사람들의 가슴마다에 되살아 피어나리라." 진달래꽃보다 더 붉은 피를 뿌리며 이 땅에 민주적 가치를 심고 지키려던 수많은 젊은 학도들이 잠든 4.19묘지에도 저 진달래는 붉게 피었을 것입니다.

올해도 진달래는 50년 전 그날의 진달래와 다름없이 붉게 피었지만 시인이 읊은 "봄을 선구(先驅)하는 민족의 꽃들은" 아직도 만개하지 못하고 되살아 피어나지 못하고 있습니다. 그건 50년 전 그날의 함성의 주역이었던 이들의 다수가 지금은 그날 그들이 타도하려고 했던 이들과 같은 타도의 대상이 되어 있고, 그래서 지금 이 땅의 민주적 가치는 심각한 도전에 직면해 있기 때문입니다.

촛불시위 이후 계속된 일련의 사건들은 의심의 여지없이 이 정부의 성향을 폭로하고 있습니다. 신용철 대법관의 촛불시위자 재판 개입, 미네르바 구속 기소, 검찰이 기소한 엠비씨 피디수첩과 케이비에스 사장 무죄, 전교조 무죄 판결에 이어 한명숙 전 총리의 무죄 판결은 이 땅의 민주적 가치를 가름하는 시금석이 아니겠습니까?

문제는 이러한 조국의 현실에 대한 조국교회의 인식입니다. 50년 전 조국교회는 이승만 독재 정부에 협조적일 뿐만 아니라 일제(日帝) 시절(권력자나 정치인을 교회 강당에 세우는 것이 일제에 기인함)에 맛본 권력의 단맛에 기웃대는 경향이 농후했습니다. 대통령이 장로인 관계로 객관성을 유지할 수 없었고 이로 말미암아 조국교회는 선지자적인 책무를 감당할 수 없었습니다. 따라서 이승만 대통령의 실패의 일부 책임은 조국교회에 있을 것입니다. 그래서 지난 2일 새문안교회에서 모인 '한국복음주의협회'에서는 4.19혁명 50주년을 맞이하며 조국교회가 독재정부에 협조적이었던 것을 회개하는 성명을 발표했습니다.

50년 후인 지금 조국교회는 똑같은 정황에 처했습니다. 그때와 같이 조국교회가 객관성을 유지하지 못하고 선지자적인 기능을 현 정부에 해주지 못한다면 장로 대통령을 만든 것이 조국과 조국교회에 독(毒)이 될 수도 있다는 것을 잊지 말아야 할 것입니다. 현(現) 정부 들어서서 반기독교운동이 극을 달리고 있다는 사실이 이를 입증하고 있기 때문입니다.

믿음이란 넓은 길이 아닌 좁은 길을 택하고 걷게 하는 능력입니다. 4.19 혁명 50주년을 맞는 조국교회에 필요한 것은 선지자의 좁은 길을 가게 하는 이 믿음의 능력을 회복하는 것입니다. 그때야 교회와 세상은 하나님의 말씀을 들을 수 있기 때문입니다. 선지자적인 길을 가는 것이 순교적인 길이기 때문에 이 능력은 더욱 필요합니다. 4월의 진달래는 여전히 붉습니다. 십자가로 가시던 주님의 길을 함께 가려던 순교자의 붉은 가슴이 4월의 진달래와 같이 우리의 가슴에 여전히 붉게 피기를 조용히 기도합니다.

초가삼간을 염려하며

- '민족' 이 곧 초가삼간입니다.
전쟁은 민족이라는 초가삼간을 태우는 죄악입니다.
'평화통일' 은 우리가 기필코 이루고 지켜내야 할 또
하나의 초가삼간입니다. '군사독재의 대가' 를 지불하면서까지 쌓아온
'한국경제' 라는 공든 탑 역시 호박씨 까먹듯 한입에 털어 넣을 수 없는
소중한 초가삼간일 것입니다.-

빈대나 벼룩, 이가 가정에서 사라진 것은 아마도 이 땅에
연탄이 보편적으로 보급되면서부터일 것입니다. 6.25직후
만 해도 이 해충들은 심각한 수준이었습니다. "빈대 잡자고
초가삼간을 태운다" 는 속담이 있는 것은 이 해충 중에서도
빈대가 유독 독하고 그 피해가 심하고 상대적으로 구제가
어려웠다는 것을 증언하는 말일 것입니다.

어렸을 때 어른들에게 들은 바로는 초가집에 빈대가 창궐
하면 횃불로 벽과 집안을 지지고 그슬렸다고 합니다. 그러
다 보니 빈대를 잡겠다고 집안을 불로 그슬리다 원치 않게

불을 내서 초가집을 전소시켜 집을 잃어버리는 불행을 야기하는 경우가 있어서 "빈대 잡으려다가 초가삼간을 태운다."는 속담이 생겨났던 것입니다. 그래서 이 속담은 소소한 문제를 해결하려다가 크고 중요한 것을 잃어버리는 어리석음을 경계하는 경구로 쓰이는 말이 되었습니다.

21세기에 빈대 이야기는 격에 맞지 않고 비현실적이기까지 하지만 난데없이 빈대 이야기와 이와 관련한 속담을 끄집어내는 것은 지금 우리 조국 한반도에 형성되고 있는 전쟁기류 때문입니다. 「천안함」이 침몰했을 때 우리 정부는 북한의 잠수함이 어뢰로 천안함을 격침시켰다고 발표하고, 대통령은 북한 선박의 제주해협 통과 금지, 남북경협 중단, 유엔 안보리 회부 등 강경대응을 선포했습니다. 정부가 천안함 침몰의 원인을 밝히기도 전에 소위 '조중동'이라고 일컬어지는 신문들은 노골적으로 강경대응을 주장해 왔고 심지어 중앙일보의 어느 기사는 "국민이 3일만 참아주면 북한의 장사정포를 무력화시킬 수 있다"고 마치 전쟁을 부추기는 듯한 기사를 내기까지 하는 등 험악한 상황을 연출하고 있는 중입니다.

따지고 보면 북한의 주도세력은 빈대에 비하기에 부족함이 없을 듯합니다. 그렇게 '빈대 붙어' 생존하면서도 적화야욕을 버리지 못함이 그렇고, 그 독함이 빈대에 버금갈 뿐만 아니라, 제재 또한 어려워 미국도 끌려 다니는 형국이기 때문입니다. 그러나 우리 정부와 극단적인 보수주의자들이 명심해야 할 점이 있습니다. 빈대를 잡되 초가삼간을 태워서는 안 된다는 사실입니다. 이것은 너무나 자명한 사실이지만 지금의 형국은 빈대보다 초가집이 더 염려되는 형국입니다. 지금의 정부의 조치는 아웅산 테러를 당한 전두환도 취하지 않았던 조치들입니다. 정부는 이런 강경조치로 득보다 실이 크게 하거나 초가삼간 자체를 태우는 사태를 염려하고 그런 불행한 사태에 어떻게 대비하고 있는지 궁금하기만 합니다.

무엇이 초가삼간을 태우는 것입니까? '민족'이 곧 초가삼간입니다. 전쟁은 민족이라는 초가삼간을 태우는 것입니다. 그러므로 그 어떤 명분으로건 전쟁은 안 됩니다. 전쟁은 민족에 대한 죄악일 것입니다. '평화통일'은 우리가 기필코 이루고 지켜내야 할 또 하나의 초가삼간입니다. '우리의 소원은 통일'이지만 평화 없는 통일 또한 원치 않습니다. 평화

통일을 잃게 한다면 초가를 태우는 것입니다. '군사독재의 대가'를 지불하면서까지 쌓아온 '한국경제라는 공든 탑' 역시 호박씨 까먹듯 한입에 털어 넣을 수 없는 소중한 초가삼간일 것입니다. 봉쇄로 북한의 경제가 아니라 우리의 경제가 무너지게 되면 초가삼간을 태우는 격입니다. 지금의 북한의 경제규모는 우리 경제와 비교하면 새 발의 피쯤 되었습니다. 그러므로 잃어도 별로 잃을 것 없는 북한보다 우리가 잃을 것이 더 클 확률이 많습니다. 수십 년을 봉쇄당한 쿠바가 지금까지 잘 버티고 있다는 것은 이런 우리에게 상징하는 바가 크다는 것을 정부와 위정자(爲政者)들이 기억해 주기를 희망합니다.

우리는 난국일수록 진정한 나라 사랑과 국민과 민족을 아끼고 그 장래와 유익을 냉철히 생각해야만 할 것입니다. 위정자들이 이 사랑을 기반으로 판단하고 있다는 것을 확신할 수 있다면 우리는 그네들이 초가삼간을 태울까를 전혀 염려하지 않을 것입니다. 단테는 그의 「신곡」에서 지옥에도 차등이 있는데. 전쟁을 유발하여 죄 없는 수많은 생명을 전쟁의 이슬로 사라지게 한 장본인들인 왕과 제후들과 독재자들이 형벌을 당하는 특별한 처소를 묘사한 바 있습니다.

그래서 교회는 나라와 민족을 위하여 기도해야 하고 위정자들을 위하여 기도할 의무가 있습니다. 지방선거까지 앞두고 있는 지금이야말로 기도가 필요한 시기입니다. 주께서 위정자들에게 자비를 베푸사 빈대를 잡되 초가삼간은 지킬 수 있는 현명함과 그 현명함을 실행할 수 있는 용기와 힘을 주시되, 사랑의 능력을 더불어 주시기를 함께 기도합시다!

오월의 노래

-지금 우리 사회는 오히려 잔인한 오월을 만든 이들에게
향수(鄕愁)를 느끼고, 민주적 가치가 근본적으로 위협 받는 일에도
별 저항이 없는 형편입니다. 민주적 가치를 지키기 보다는
'오늘의 주가'(株價)를 더욱 염려하는 우리는 잔인한 오월의 노래를
낭만이 넘치는 오월의 노래로 변화 시킬 소명을 잃어가고 있습니다.-

"모란이 피기까지는 나는 아직 기다리고 있을 테요 찬란한 슬픔의 봄을" 김영랑은 모란이 지는 5월을, 봄을 여윈 "찬란한 슬픔의 봄"이라고 읊었습니다. 미문(美文)으로 유명한 수필가 피천득은 오월을 "스물한 살처럼 싱그럽고 하얀 손가락에 비취가락지" 같다고 예찬하며, "스물한 살 오월에 밤차를 타고 피서지에 가서 모래 위에 사랑으로 얻는 고통과 버리는 고통을 쓰고 죽지 않고 살아왔다"고 낭만을 노래했습니다.

찬란한 햇살, 따뜻하고 부드러운 대기, 드러눕고 싶은 융단 같이 부드러운 풀밭, 실록이 빛나는 숲 속에 울리는 새들

의 노래, 라일락 향기와 장미가 몽우리 지는 오월. 계절의 여왕! 이것이 오월의 이미지요 오월의 찬가들일 것입니다.

눈까지 밝아지는 신록이 가슴을 연둣빛으로 물들이는 오월의 찬란한 낮도 설레게 하지만, 해지고 어두워진 향기로운 5월의 밤에 나서면 훈풍이 온몸을 포근히 감싸고 살짝 불어오는 바람에 묻어온 아카시아 꽃향기가 코끝을 스치면 마치 젖 뗀 아이가 엄마 품에 있음 같이 평온하고 사랑 받는 느낌입니다.

그러나 이 싱그럽고 찬란한 오월의 하늘 아래 부르는 노래가 다 서정적이고 낭만적인 것은 아닙니다. 가슴에 더운 피가 끓게 하고, 두 주먹을 불끈 쥐고 비분강개하고 좌절하고 통곡하는 오월의 노래도 여기저기 울립니다. 5.16에서 5.18로 이어지는 이 땅의 비민주적 어둠과 폭압의 역사는 이 찬란한 오월을 '잔인한 오월'이 되게 했기 때문입니다.

이 오월의 눈물은 아직도 마르지 않았고, 분노와 슬픔과 고통의 오월의 노래도 그치지 않았습니다. 오월의 눈물이 흐르는 지금 우리 사회는 오히려 잔인한 오월을 만든 이들에게 향수(鄕愁)를 느끼고, 민주적 가치가 근본적으로 위협 받는 일에도 별 저항이 없는 형편입니다. 민주적 가치를 지키기 보다는 '오늘의 주가'(株價)를 더욱 염려하는 우리는 잔인한 오월의 노래를 낭만 넘치는 오월의 노래로 변화시킬 소명을 잃어가고 있습니다. 이런 시민의식은 오늘의 사회적 병리현상과 결코 무관하지 않을 것입니다.

그러므로 조국교회는 성경에 나타난 천국시민의식을 새롭게 해야 한다고 믿습니다. 성경에서 정의는 부한 자나 가난한 자에나 법을 공평하게 집행하게 하지만 나눔에 있어서는 고와와 과부와 나그네들에게는 특별한 혜택을 베푸는 것입니다. 가장 작은 사회적 약자들의 권리를 보장하는 것이 신정국의 시금석이었다는 사실을 기억합니다.

꽃이 지는 오월은 열매가 맺는 달임을 기억합시다. 오월에 진 꽃에서 공의의 열매가 익어 잔인한 오월의 노래가 사랑과 낭만의 노래가 되도록 성실한 시민사회의 그리스도인이 되기를 힘써야 하지 않겠습니까? 적어도 우리 자녀들만은 잔인한 오월을 노래해서는 안 되기 때문에 더욱 그래야 하지 않겠습니까? 지금 험해지는 남북관계를 볼 때. 저는 더욱 이것이 오늘을 사는 시민사회의 성도로서 오월을 맞는 우리에게 주시는 하나님의 메시지라고 믿습니다.

양두구육이 생각나는 이유

-한국교회에서 개혁은 개혁주의를 말하거나 개혁을 주장하는 것이
개혁이 되어버렸습니다. 교회갱신(敎會更新)을 주장하는 인사와 단체가
교권(敎權)과 교권의 명예를 탐하기를 서슴지 않고,
심지어 개혁을 자신의 브랜드화하여 교회를 욕하는 것을
성장의 방편으로 삼는 신(新) 바리새주의자들이
의인으로 행세하고 있는 형편입니다.-

복식(服飾)의 유행은 예나 지금이나 조금도 차이가 없는 모양입니다. 제나라의 영공(靈公)은 궁중의 여인들에게 남장(男裝)을 하게하고 남장한 여인의 모습을 즐기는 별난 취미를 가지고 있었습니다. 그러자 궁 밖에서 여자들이 남장을 하는 것이 유행이 되어버렸습니다. 이것이 못 마땅한 영공은 금령으로 궁 밖 여자들의 남장을 금지했는데 궁 밖에서는 아랑곳하지 않고 여전히 남장이 유행했습니다.

자기의 영이 서지 않음이 못 마땅한 영공은 안자(晏子)-

중국에서는 子를 쓰는 것은 孔子와 같은 반열로 여기는 최고의 존경을 의미함- 일컬어지는 재상 안영에게 그 까닭을 묻자, 〈궁중에서 남장을 하면서 궁 밖에서는 남장을 금지하는 것은 마치 양의 머리를 내걸어두고 개고기를 파는 것과 같다고 하며, 궁 안에서 남장을 폐하면 궁 밖에는 자연히 남장이 사라질 것이라고 충언했고〉 이 건의를 따르자 나라에 남장이 유행하는 것이 사라졌다는 고사에서 "양두구육(羊頭狗肉)"이라는 사자성어(四字成語)가 나왔다는 것은 익히 아는 바입니다.

이 고사 성어를 떠올리는 것은 한나라당의 당명 개명(改名) 때문입니다. 한나라당의 개명 자체는 긍정적이고 당위성마저 가진다고 할 수 있습니다. 무엇보다도 기존의 명칭이 정당의 정치이념을 표방하지 못하고 있기 때문이고, 둘째는 실정과 비리로 얼룩진 당을 근본적으로 개혁하고 갱신해야 할 처지이기 때문이기도 합니다. 그런데 이번에 바꾼 이름을 보면 이 정당이 진정으로 거듭나려는 의지가 분명한지를 의심하게 합니다.

그것은 새 당명(黨名)이 한 정당의 정치적 이념과 노선을 전혀 표명하지 못하고 있기 때문입니다. 이것은 이 정당이 분명한 정체성을 가지지 못했거나 또는 자신의 정체성을 분명히 표방하기를 두려워하고 있다는 증거일 것이기 때문입니다. 오죽했으면 유명한 보수논객이 "유치원 이름이냐?"라고 했을까요? 세상의 어느 정당이 정당인지 카페나 다방인지 구별이 안 되는 명칭을 사용하고 있을까요?

이를 두고 호사가들의 말도 많고 비아냥거림이 들끓고 있지만 내가 염려하는 것은 세상 정당이 아니라 그리스도인 우리 자신과 교회입니다. 갱신의 필요를 느끼고 인정하는 것은 성도 개인이나 교회가 동일합니다. "교회 갱신" "제2의 종교개혁"이 화두인 것이 오늘의 한국교회입니다. 그럼에도 불구하고 왜 갱신과 개혁은 이루어지지 않습니까? 그것은 한 성도로서 자신과 교회의 정체성을 추구하고 구현하려는 의지가 없기 때문입니다.

그래서 한국교회에서 개혁은 개혁주의를 말하거나 개혁을 주장하는 것이 개혁이 되어버렸습니다. 교회갱신(敎會更新)을 주장하는 인사와 단체가 교권(敎權)과 교권의 명예를 탐하기를 서슴지 않고, 심지어 개혁을 자신의 브랜드화하여 교회를 욕하는 것을 성장의 방편으로 삼는 신(新) 바리새주의자들이 의인으로 행세하고 있는 형편입니다. 이것이 그야 말로 양두구육이 아닌가요?

우리는 왜 자기를 개혁할 의지가 없습니까? 그것은 참된 자기가 아닌 거짓된 자기를 추구하는 정욕과 이기주의 때문입니다. 그래서 남에게 엄격하고 개혁을 요구하지만 자기에게는 너그럽고 자기를 정당화 하는 것이 불신앙의 특징입니다. 거짓 자기, 옛 사람을 미워하고 부인하는 것이 아니라 도리어 사랑합니다. 그래서 진짜로 갱신할 마음과 의지가 없는 것입니다. 사람이란 원하는 것을 하는 존재입니다. 하물며 신앙이겠습니까? 진짜 개혁을 원하지 않아서 개혁은 이루어지지 않는 것이지요.

새해 들어 벌써 이월인데 여전히 작년과 다름없다면 금년 새해도 작년과 무엇이 다를까요? 자기를 사랑하며 갱신을 추구하는 것은 자기를 기반하는 일입니다. 진정으로 갱신과 변화를 원하면 이 거짓된 자기를 믿음으로 부인합시다! 그래서 금년은 변화되고 새로워지는 제자의 반열에 서도록 해봅시다! 이것이 세상에 빛이며 참된 삶과 행복이 된다는 사실을 꼭 유념합시다!

종교인 과세, 덕을 위하여
자발적 납세가 옳다

-분명한 것은 목회자들이 세금을 낸다고 해서
교회에 대한 비방이 사라지지는 않을 것입니다.
부정한 사람들에게는 모든 것이 부정하기 때문입니다.
그럴지라도 우리는 이런 실족을 최소화하기 위하여
자발적인 납세의 길을 가야 합니다.-

종교인 과세가 교계에 결정적 이슈로 부각한 것은 1992
년「월간목회」에 손봉호 교수와 한명수 목사의 종교인 납세
찬반 토론이 연재되면서입니다. 그 후 간헐적으로 사회적
이슈로 등장해 오던 이 주제가 맹렬한 기독교 비방의 단골
메뉴가 된 것은 소셜커뮤니티가 보편화 되면서 일어난 안티
기독운동이 조성한 여론의 결과물입니다. 정부는 이런 여론
을 등에 업고 종교인 과세를 단행할 것 같이 하다 그 시행의
신중성을 위하여 보류한 상태입니다.

이런 상황에서 종교인 과세가 특별히 교회와 목회자들을

거냥하고 있다거나 악의적인 배후를 논하는 것은 이제 별 의미가 없습니다. 이제 우리 목사들은 자의에 의해서건 타의에 의하여서건 '과세와 납세'는 피할 수 없는 현실이 되어버렸기 때문입니다. 따라서 우리에게 남은 선택은 법으로 과세(課稅)해서 납세를 하느냐, 법이 정하기 전에 자발적으로 '납세'를 하느냐의 양자택일이 남아 있는 형편이 되어버렸습니다.

이런 상황에서 필자는 성직자 납세를 찬성하는 입장입니다. 필자가 성직자 납세를 찬성하는 것은 성직자 납세가 옳아서라기보다는 우리 사회에 대한 건덕(健德)의 의무 때문입니다. 고래의 관례를 살피면 여호와 종교이건 이교이건 종교인들은 국가의 특별한 처우를 받았습니다(창 47:22, 26). 그리고 목회자는 손봉호 교수의 표현을 빌리면 돈을 위하여 일하지 않고 헌신하는 것이기 때문에 '사례비'가 아니라 생활을 책임저 주는 '생활비'를 받고 있는 것입니다. 이런 성직자를 소득을 구하는 사람, 돈 버는 사람으로 여기는 것은 분명 실례이며 자존감이 상하는 일입니다. 그리고 일 자체에 성속(聖俗)의 구별이 없다고 해도 이익을 목적으로 하는 것과 종교적 헌신은 분명히 구분되어야 하고, 종교는 종교 되게 "성(聖)의 영역"으로 남겨두는 것이 이 세속화된 사회에도 유익할 것입니다.

그러나 민주사회에서 국교가 인정되지 않을뿐더러 이런 원리 때문에 기독교국가나 기독교적인 나라도 성직자 과세를 하고 있습니다. 그리고 지금 세상은 우리 목사직만 아니라 교회 자체를 상업적으로 인식하고 있는 불행한 실정이며, 목회자들이 세금을 내지 않는 것을 이렇게 교회와 성직이 상업이라고 매도하는 일의 증좌와 같이 여기고 있는 실정입니다. 물론 독일과 같이 종교세를 내고 성직자들에게 봉급을 주는 나라가 있기는 하지만, 이건 예외이고 또 그렇게 바람직한 일도 아닙니다.

필자가 이런 상황에서 자발적 납세가 옳다고 여기는 것은 필자의 생각만이 아니라 여기에 대한 우리 주님의 모범을 따르기 위해서입니다. 주님은 세례를 받을 필요가 없으신 분이셨지만 의를 이루시기 위하여 요한에게 세례를 받으셨습니다. 그리고 당신이 하나님의 아들이시기 때문에 성전세(聖殿稅)를 낼 필요가 없으시고 오히려 받으셔야 할 분이셨지만 이를 모를 사람들이 "실족하지 않게 하기 위하여" 반세겔을 내게 하셨습니다(마 17:24-27).

물론 주님은 당신의 주권을 증명하기 위하여 "특별한 기적의 방법"으로 세금을 내게 하셨습니다. 주님은 자신의 신적 본질을 주장하기보다 이것을 알지 못하는 사람들이 주님으로 인하여 실족하게 않게 세금을 내서서 덕을 세우신 것입니다. 이것을 우리는 십자가 정신, 즉 기독교정신이라고 부릅니다.

분명 목회자 과세는 종교와 성직의 존경에서 나온 것은 아닐지라도 우리의 정체성에 대한 자존감보다 이 사회에 덕을 세우는 것이 기독교정신이고 주님을 본받는 것이요 하나님께 영광이 되리라고 믿습니다.

그러므로 법이 정해지기 전에 우선 목회자들이 자발적으로 납세하고 교단은 이에 대한 구체적인 지침을 마련해야 할 것입니다. 그리고 한국교인의 70%의 교인을 보유하고 있는 30%의 교회의 목회자들이 앞서 나서주기를 희망합니다. 여기서 목회자 과세 시비의 빌미를 제공하기도 했거니와 실제적으로 여기가 아니면 과세기준도 되지 못한다는 것이 오늘 한국교회의 목회자들의 실정이기 때문입니다.

　단, 정부는 종교인 과세를 교회의 통제 수단으로 삼거나, 교회의 헌금까지도 관리하려는 수단으로 삼거나, 건전한 종교의 발전을 제한하려는 수단으로 삼아서는 안 된다는 전제 아래서입니다. 국가와 정부는 건전한 종교를 보호하는 것이 그 책무 중 하나입니다. 그래서 이런 폐단이 없도록 교단과 정부는 사려 깊은 정책을 입안할 것을 요망합니다.

　분명한 것은 목회자들이 세금을 낸다고 해서 교회에 대한 비방이 사라지지는 않을 것입니다. 교회와 신앙 그리고 성직까지도 돈으로 보이는 부정한 사람들에게는 모든 것이 부정하기 때문입니다. 그럴지라도 우리는 이런 실족을 최소화하기 위하여 자발적인 납세의 길을 가야 합니다. 이것이 우리에게는 주님을 따르는 신앙이 되고 세상에는 덕이 될 것이기 때문입니다. (고전8:13,10:23-24)

"나에게 한 꿈이 있다!"

-진정한 꿈은 진리와 믿음을 기반으로 하는 것이며,
엄혹(嚴酷)한 절망과 불가능에서 꾸는 것입니다.
이것은 우리 그리스도인만의 특질입니다.-

증권가에는 새해가 되면 주가가 오르는 현상이 있습니다. 새해가 되면 새해라는 기대감으로 투자하는 현상이 일어나기 때문입니다. 이렇듯 새해라는 말 자체가 기대와 소망을 함의하고 있지만 금년은 그 어디에도 소망의 빛과 기운은 보이지 않습니다. 6퍼센트의 경제성장률을 공약하고 당선된 대통령마저 새해가 마이너스 성장일 수도 있다는 우려를 표명할 정도입니다. 이런 시점에서 저 유명한 "I Have a Dream"라는 마틴 루터 킹(Marein Luther King, 1929-1968) 목사의 연설을 떠올리는 것은 이 새해 첫 달에 미국 최초의 흑인 대통령이 취임하기 때문입니다.

'로라 팍스' 라는 흑인 여성이 버스에서 백인에게 자리를 내주지 않았다는 이유로 몽고메리에서 체포된 것이 1955년

12월에 일어난 일입니다. 이 사건을 기점으로 1963년에 워싱턴 민권대행진(民權大行進)이 있었습니다. 그러니까 불과 45년 전에 미국 사회에 흑백분리법이 엄존했다는 얘기입니다. 흑인은 학교, 식당, 호텔은 물론 화장실까지도 출입에 차별을 받고 있었습니다. 하물며 참정권이야 언감생심 감히 넘볼 수도 없는 성역과도 같은 것일 뿐이었습니다. 이에 대한 항의나 항거는 가차 없는 가혹한 처벌을 당했습니다.

그러나 마틴 루터 킹 목사는 그 엄혹한 시절에도 미국의 조상들이 독립선언서에 표명했던 "양도할 수없는 천부의 권리"들은 피부색과 상관이 없이 미국 땅에 사는 모든 미국인이 누릴 권리라는 꿈을 꾸고 있었습니다. 그는 링컨의 동상 앞에서 그 꿈을 평범하고 간결한 말로 장엄하게 선포했습니다. 그는 몇 번의 투옥이 뒤따랐고 결국 암살되어 그의 피는 마르고 살은 흙이 되었지만, 그의 꿈은 성취되어 미국에 첫 흑인 대통령이 취임하기에 이른 것입니다.

마틴 루터 킹이 꿈을 가질 수 있었던 것은 그의 믿음과 확신 때문입니다. 독립선언서에 표현된 권리가 하나님이 주신 양도할 수 없는 권리라는 그의 신앙이 가혹한 반동에 직면하면서도 피부색이 아닌 인격에 따라 대우받는 나라를 꿈꾸게 했고, 그 꿈을 주장하게 했기 때문입니다. 따라서 진정한 꿈은 진리와 믿음을 기반으로 하는 것이며, 엄혹한 절망과 불가능에서 꾸는 것입니다. 이것은 우리 그리스도인만의 특질입니다.

그러므로 오늘의 조국교회는 경제를 살리라고 기도하거나, 경제를 살릴 지도자를 세우라고 할 것이 아니라, 지금의 이민족 앞에 이 진리와 믿음을 기반으로 하는 꿈을 보이고 선포하고 주장해 나가야 한다고 믿습니다. 교회가 이 꿈을 보일 때 부흥이 있었고 이 부흥이 세상을 살렸기 때문입니다. 소망을 잃은 새해에 이 부흥의 불과 물결이 이 땅을 덮도록 성령의 꿈을 위대하게 꾸고 선포하고 주장해 나갑시다! 꿈은 꿈꾸는 자만의 것이며, 꿈을 꾸는 자가 역사의 주역이 될 것이기 때문입니다.

조르주 베르나노스의 묘비명

-부활은 무덤에서도 웃을 수 있게 하는 것입니다.
현실 삶의 세계에서도 웃음을 잃어가는 이 세대에
무덤에서도 웃을 수 있고 웃게 만드는 것은
신선한 충격이며 새로운 도전입니다.-

조르쥬 베르나노스(1888~1948년)는 프랑스를 대표하는 작가입니다. 그의 소설들은 악의 실존인 사탄과 신자의 내면의 거룩성과의 싸움을 주제로 하고 있습니다. 「사탄의 태양 아래」, 「어느 시골 신부의 일기」, 「카르멜의 수녀」 등이 그의 대표작이며 영화화되기도 했습니다. 이 베르나노스는 자신의 묘비명(墓碑銘)을 쓴 이로도 유명합니다. 그의 묘비명에 새겨진 글입니다.

"마지막 심판 날, 천사들께서는 나팔을 아주 크게 불어 주시기 바랍니다. 이곳에 묻힌 자는 가는귀가 먹었습니다."

나는 베르나노스가 어느 정도 가는귀를 먹었는지 알지 못합니다. 그럼에도 불구하고 이 묘비명을 통해서 그가 어떤 인물이며 이 묘비명으로 그가 하고자 한 말이 무엇인지 짐작하고도 남음이 있습니다. 나는 우선 죽음 앞에서도 위트를 잃지 않는 베르나노스의 여유로운 성품이 부럽습니다. 저 유명한 그리스도교 작가가 부활이 무엇인지를 몰라서 나팔을 크게 불어 주기를 천사께 부탁했을까요? 오히려 자신의 육체의 연약함이 강하고 영광스러운 부활의 몸을 입게 될 부활의 사실과 소망을 역설적으로 희구(希求)하고 강조했을 것입니다. 그는 죽은 후에도 자신의 무덤 앞에서 그 묘비명을 보고 미소 지을 사람들의 모습을 그리며 미소를 지며 죽을 수 있었던 것은 그만큼 부활의 소망이 분명했기 때문이었을 것입니다.

그리고 그는 그 묘비명으로 당시 프랑스와 유럽의 정신과 교회를 풍자하고사 했을 것입니다. 베르나노스는 그의 작품과 기고로 악의 세력과 타협하는 기독교 세계의 내면을 질타하고 거룩성을 따라서 은총에 이를 것을 묘사했지만, 조국이 그에게 안긴 것은 도리어 환멸뿐이었습니다. "들어도 듣지 못하는 영적 가는귀먹은 영혼과 세상"이 얼마나 답답

했으면 마지막 심판 날, 재림의 나팔을 크게 불어 주기를 소
망했을까요?

　이 모든 것은 다 죽어도 다시 사는 부활과 그 부활에 대한
소망에서 나온 여유이며 사랑일 것입니다. 그렇습니다! 부
활은 무덤에서도 웃을 수 있게 하는 것입니다. 현실 삶의 세
계에서도 웃음을 잃어가는 이 세대에 무덤에서도 웃게 만드
는 것은 신선한 충격이며 새로운 도전입니다. 그러므로 부활
절을 보내며 살아나서서 무덤이 아닌 산 자의 처소에 계시는
주님이 그 은총으로 여러분을 만나주시기를 축복합니다. 이
로 말미암아 부활에서 나오는 삶의 여유를 누리기를 열망해
봅니다. 다시 한 번 베르나노스의 묘비명을 음미해봅시다.

　"마지막 심판 날, 천사들께서는 나팔을 아주 크게 불어
주시기 바랍니다. 이곳에 묻힌 자는 가는귀가 먹었습니다."

바벨론 시장에 상품으로 나온 영혼

-사람의 영혼은 공산품(工産品)이 아닙니다.
따라서 영혼이 시장에 나왔다는 것은 영혼을 내다 팔았다는 것입니다.
"사람의 영혼 사세요!" 이 팔리는 영혼!
혹시 내가 내다 판 내 영혼은 아닙니까? 눈을 들어보세요.
바벨론의 상품이 영혼을 팔라고 성도를 호객하는 것이 보이지 않으십니까?-

제2의 성경으로 일컬어지는 「천로역정」에서, "기독도"가 천성으로 가는 길에 "허화시"가 있습니다. 이 허화시(虛華市)에는 옛적부터 매일 서는 상설 시장이 있습니다. 이 시장의 상품은 한마디로 하면 '이 세상과 세상에 있는 것들' 로 육신의 정욕과 안목의 정욕과 이생의 자랑입니다. 말하자면 "허영의 시장" 입니다.

기독도는 이질적인 모습으로 이 매혹적인 허영의 시장의 상품을 돌아보지도 않고 경멸을 보내며 통과하다가 잡혀 고소를 당하고 사형 판결을 받게 됩니다. 우리가 성경을 조금만 세심하게 읽었다면 이 허영의 시장은 요한계시록 18장에 나오는 바벨론 상인들의 시장과 사도행전 19장에 나오는 에 베소에서 "은장색이들의 소요"로 인한 바울이 박해받은 사건을 배경으로 하고 있다는 것을 금방 알아차릴 것입니다.

이 바벨론의 상품의 품목 중에 "사람의 영혼"이 있습니다 (계 18:13). 즉 사람의 영혼이 바벨론 시장의 쇼 윈도우에 진열되어 호객을 하고 있다는 것입니다. 사람의 영혼은 공산품(工産品)이 아닙니다. 따라서 영혼이 시장에 나왔다는 것은 팔았다는 것입니다. 자기 영혼을 팔았기 때문에 영혼이 팔리고 있는 것입니다. 영혼을 팔아서 산 것은 무엇일까요? 허영의 시장의 은금, 권세와 명예, 그리고 향락들입니다. 있다가 없을 것, 그리고 배부르지 못할 것을 위하여 영혼을 판 자의 소득은 죄책과 영원한 지옥이 아니겠습니까?

왜 계시록에 영혼을 파는 시장이 나오겠습니까? 그것은 가룟 유다나 데마와 같이 세상을 위하여 자기 영혼을 파는 자가 교회 중에 있기 때문이 아니겠습니까? 유다나 데마만 영혼을 파는 것이 아닙니다. 우리는 심지어 TV에 기도의 영혼을 팔고, 성경을 읽는 영을 팔고 있습니다. 기호를 위하여 경건을 팔며, 한 그릇 팥죽을 위하여 믿음을 팝니다. 이것이 말세의 보편적 현상이라는 것을 계시록은 지적하고 경고하고 있는 것입니다.

선거철인 지금 우리는 이 세상 사람들이 자기 영혼을 어떻게들 팔고 사는지를 소상히 아이쇼핑하고 있습니다. 지금은 눈만 뜨면 "구매하는 것이 행복"이라고 강요받고 있는 세상입니다. "백화점에 갔을 때 거기서 얼마나 시간을 보내느냐가 영성의 바로미터다."라는 말이 있습니다. 저는 이 경구가 전적으로 옳다고 믿습니다. 백화점의 상품에 도취하여 시간이 가는 줄 모른다는 것은 세상으로 기우는 우리 육신의 경향을 여실히 폭로해 주는 것입니다. 세상으로 기우는 우리 육신의 경향을 얼마나 잡느냐가 곧 경건의 승리일 것입니다.

지금 사순절 갈멜산 새벽기도회는 세상으로 기우는 육신의 경향을 못 박아 영원한 생명과 행복을 사게 하고 주님을 온전히 사랑하는 순례자로 자기를 세울 하나님의 기회입니다. 여기서 계시록을 공부하기 때문에 더욱 그렇습니다. 새벽에 읽는 계시록은 세상 것에 영혼을 파는 불신과 불경건의 어둠을 확 깨워주기에 충분하기 때문입니다. 이번 사순절 갈멜산 기도회를 통해서 이 멸망에서 자기 영혼을 확실히 건지시고 이 말세의 현상에서 자기 영혼을 지키지 않으시겠습니까?

"사람의 영혼 사세요!" 이 팔리는 영혼은 혹시 내가 내다 판 내 영혼은 아닙니까? 눈을 들어보세요. 바벨론의 상품이 영혼을 팔라고 성도를 호객하는 것이 보이지 않으십니까?

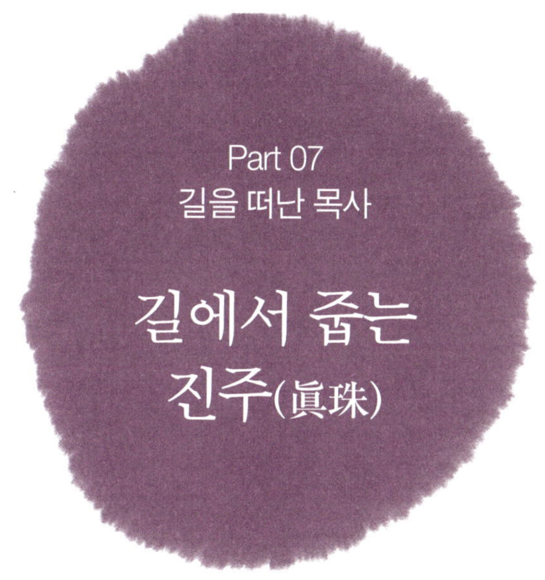

"여행은 우리에게 그 어두운 시절을 어떻게 헤쳐 나올 수 있었는지
깨달을 수 있게 하여 인생의 전망이 보이지 않는 때를 살아가는
인생의 지혜를 깨닫는 소중한 경험을 가지게 합니다.

여행은 이렇게 삶과 현실을 관조하고 거기서 하나님의 음성을 듣게 하는
좋은 창조적 수단이자 기회입니다.
이것이 돈 들이고 시간 들여서 여행하는 이유가 아니겠습니까?"

- 본문 중에서 -

까일라브네 베이에서 한나절

-아마도 그런 아쉬움이 아이들의 가슴에도
까일라브네 베이에서의 하루가 평생 잊을 수 없는
행복한 추억으로 남을 것입니다. 이 추억이 아이들의 인생에서
검약과 절제를 배울 수가 있게 한다면, 그
날 하루의 까일라브네 베이는 더욱 아름다운 추억의 한 자리가 될 것입니다.
행복은 차고 넘치도록 풍족함에만 있는 것이 아니라 부족한데,
아니 부족한 듯한데 있기 때문입니다.-

그날 물어물어 찾아가 드높은 "팔라팔라이 마타스산 굴 로드 국립공원"을 넘어 산자락을 따라 내려가다 등성이에서 내려다본 까일라브네 베이(Caylabne Bay)는 탄성이 나올 만큼 아름다웠습니다. 과시 "이멜다의 보석"이라 할 만 했습니다. 지난 주간 아들의 대학졸업식을 보기 위하여 마닐라에 갔었습니다.

아들은 중학교를 마치고 필리핀으로 유학을 보냈습니다. 말이 좋아 유학이지 교회가 어지러워 국내에서 교육할 여건

이 되지 못해 선택한 필리핀이었습니다. 아들과 딸을 차례로 필리핀에 보내 두고 6년동안 단 한 번 밖에는 아이들을 찾아보지 못했습니다.

필리핀에서 사오월은 년 중 가장 더운 여름 방학입니다. 그래서 학생들은 물론 선교사들도 귀국하지만 아이들도 형편을 생각해서 두 번 밖에는 귀국하지 않았습니다. 이번에 아들이 대학을 졸업하면 진짜 먼 나라로 유학을 가게 되고, 그러면 다시 아들의 졸업을 보는 것은 쉽지만은 않을 것입니다. 게다가 딸이 혼자 마닐라에 남게 되어서 마닐라에 갔던 것입니다.

마닐라에서 아이들의 학교와 시내의 명소들을 돌아보고 반찬거리 등을 챙겨주고 졸업식을 본 다음, 추억을 만들 장소를 찾다가 마닐라에서 당일치기로 다녀올 수 있는 까일라브네 베이에 가서 아이들과 추억을 만들기로 했습니다.

그동안 필리핀을 몇 번 다니면서도 좋아하는 망고가 열린 것을 본 적이 없었는데, 때가 마침 망고 철이어서 가는 길 차창 밖으로 스치는 마을과 거리, 그리고 농장의 우거진 망고

나무에 망고가 주렁주렁 열린 모습이 신기하고 이국적이었고, 남국의 정취를 더해 주었습니다.

차를 렌트해서 마닐라에서 두 시간이면 갈 수 있다는 곳을 물어물어 거의 네 시간여 만에 도착한 까일라브네 베이는 고즈넉하게 밀림에 둘러싸여 남국의 햇살 아래 빛나고 있었습니다. 필리핀 정부의 보호로 잘 보전된 밀림이 우거진 높은 산을 넘어서 산등성이의 경비초소에서 발아래로 내려다보이는 고즈넉한 까일라브네 베이는 우리 모두에게 탄성을 울리게 했습니다.

경비초소에서 잠시 차를 세우고 그 아름다움에 젖었다가 등성이를 돌아 내려와 경내에 들어서자 고적한 길에는 밀림에서 나온 원숭이들이 한가로이 노닐고, 이름 모를 커다란 새들은 정적을 깨며 숲 사이를 날며 이곳의 자연이 얼마나 잘 보존되고 있다는 사실을 알려주는 듯 했습니다.

지금은 일반에게 공개되어 있지만 본래 이곳은 이멜다의 별장이었습니다. 절벽이 양팔로 안을 듯한 지형, 그리고 뒤편에 솟은 높은 산허리에 부대가 주둔하고 있는 천혜의 요새지에 이멜다는 스페인 풍의 하얀 리조트를 짓고, 방파제를 쌓고 수영장을 만들고, 본래 검은 모래 해변이었는데 함정을 동원하여 저 유명한 보라카이의 산호모래를 실어다 빛나는 화이트 비치로 만들어 지인들을 불러 즐겼던 곳입니다. 후일 피플 파워로 마르코스 내외가 망명하던 비행기에서 이멜다가 이곳을 내려다보며 눈물을 흘렸을 만큼 이멜다가 그녀의 어떤 보석보다도 아낀 곳이라고 합니다.

아이들과 점식식사를 한 후 그 바다에 몸을 잠그니 바다 한가운데 함정처럼 보이는 드럼으로 불리는 콘크리트 인공 요새 뒤로 코레히도 섬과 반탄 반도가 한눈에 들어왔습니다. 지형이 올챙이 모양인 코레히도 섬은 마닐라 만의 전략적 요충지입니다. 여기서 스페인과 미국이 싸웠고, 태평양 전쟁 시 이곳을 사수하던 미극동군이 당시 독립을 추진하던 필리핀군과 연합하여 일본군과 피의 격전을 벌이다 일본군에게 패전하고 맥아더가 은밀히 빠져나갔던 곳으로 유명한 곳입니다. 여기서 항복한 미군 7만 명이 포로가 되어 저 "바탄의 죽음의 행진"으로 1만 여명이 죽어간 역사의 현장입니다. 마닐라의 미군묘지에 1만 7천여 명의 전사자가 묻혀 있으니, 이들 전사자들은 대부분 여기서 있은 전투에서 전사했을 것입니다.

이 피 어린 역사의 현장이 건너다보이는 자리에서 이멜다가 부정과 부패로 얼룩진 부와 향락을 누렸다는 것에 통한을 느꼈습니다. 그녀는 피 어린 코레히도 섬과 바탄반도를 보면서 얼마든지 조국을 생각하며 교훈을 받을 수 있었을 것입니다. 강대국의 부침이 서린 그곳을 보며 인생의 부귀영화가 뜬구름 같음도 깨달을 수 있었을 것입니다. 그러나 이멜다는 교훈을 받지 못해 자신과 조국을 망쳤고 그녀가 만든 까일라브네 베이는 일반에 공개되어 나 같은 평범한 이도 몸을 잠그게 된 것입니다. 그래서 성경은 존귀에 처하나 깨닫지 못하는 이는 짐승 같다고 하신 것이 아닐까요?

그렇게 하루해를 보내고 까일라브네 베이의 하얀 리조트에서 낙조를 보며 하루 쯤 쉬며 아이들과 함께 남국의 밤하늘의 별을 보고 싶은 아쉬운 마음을 달래며 돌아선 귀가 길에 산등성이에서 내려다본 까일라브네 베이는 더욱 아름답게 보였습니다.

아마도 그런 아쉬움이 아이들의 가슴에도 까일라브네 베

이에서의 하루가 평생 잊을 수 없는 행복한 추억으로 남을 것입니다. 이 추억이 아이들의 인생에서 검약과 절제를 배울 수가 있게 한다면, 그날 하루의 까일라브네 베이는 더욱 아름다운 추억의 한 자리가 될 것입니다. 행복은 차고 넘치도록 풍족함에만 있는 것이 아니라 부족한데, 아니 부족한 듯한데 있기 때문입니다.

비안개 속의 백약이 오름을 걸으며

-그 어두운 시절을 지금 비안개 속의 오름을 도는 방식으로
헤쳐 나왔다는 사실을 깨달았습니다.
안개로 앞을 내다볼 수는 없어도 안개 속에는 길은 있고,
시야에 보이는 길을 따라 직진하면 그 볼 수 없는 길을 가게 되고
마침내 목적지에 도달하듯이, 앞날도 앞길도 보이지 않던
그 시절 하루하루를 현재 직면한 일을 해나갔을 뿐이지만
결국 문제는 해결되었던 것입니다.-

살다보면 앞을 내다볼 수 없는 어두운 날을 만날 때가 있습니다. 여행은 우리에게 그 어두운 시절을 어떻게 헤쳐 나올 수 있었는지 깨달을 수 있게 하여 인생의 전망이 보이지 않는 때를 살아가는 인생의 지혜를 깨닫는 소중한 경험을 가지게 합니다.

지난 주간 제주에서 동창회 수양회를 마치고 성읍의 작은 집을 갔습니다. 하은 아빠가 근처에 '백약이 오름이' 있는데 한번 가자고 해서 다음날 새벽에 백약이 오름을 갔습니

다. 이 오름을 '백약'(百藥)이라고 부르는 것은 여기에 각종 약초(藥草)가 많기 때문에 붙여진 이름이라고 합니다. 이 오름의 특징은 분화구인데, '산굼부리'보다 더 큰 분화구가 있고, 일출봉이 가까워 전망이 뛰어나다는 점입니다. 이 백약이 오름은 성읍2리 주민들의 공동 방목장이기도 합니다. 그래서 우리가 갔을 때 주민들이 모여서 진드기 방제 작업을 하고 있었습니다.

출발할 때 비가 올 것 같더니 오름의 밑에 이르자 빗발이 들기 시작했습니다. 간간히 내리는 비를 맞으며 오른 정상은 안개가 짙게 끼어서 분화구도 보이지 않고 모든 전망이 안개에 싸여 있었습니다. 노루가 많다고 해서 혹시 볼 수 있을까 잔솔밭을 살펴보았으나 노루를 보는 행운은 누릴 수가 없었습니다.

백약이 오름에서 성산 일출봉을 내려다보는 아름다운 전망을 볼 수 없는 것도 아쉬웠지만, 실로 오랜만에 비를 맞으며 제주 오름의 부드러운 잔디 길을 걷는 것은 특별한 정취가 있었습니다. 어릴 적 이후 이렇게 오롯이 비를 맞으며 여유롭게 빗속을 걸어 본 적이 없었습니다. 오름의 정상을 덮고 고요히 흐르는 축축하고 신비로운 안개, 볼을 때리는 빗방울의 청량함, 바다 내음이 나는 듯한 오름의 맛있는 공기, 발아래 밟히는 비에 젖은 잔디 길의 부드러운 촉감! 참 행복한 시간이었습니다.

이 정취를 즐기는데 굵어진 빗발이 쏟아지기 시작했습니다. 쏟아지는 비에 서둘러서 분화구를 돌다가 특이한 현상을 발견했습니다. 쏟아지는 비로 인해 더욱 짙어진 안개 때문에 시야는 불과 십 미터도 채 안됐습니다. 시야가 이렇게 짧으니 둥근 분화구를 도는 데도 눈앞에 보이는 길은 항상 곧았습니다. 도는 것이 아니라 똑바로 직진만 하는 느낌이었습니다. 앞길은 안개에 묻혀 볼 수가 없었지만 시야에 트인 길을 그냥 걸으면 안개로 그 앞이 보이지 않는 길을 가고 있는 것이었습니다.

이 느낌이 드는 순간 한치 앞도 내다 볼 수 없던 시절이 떠올랐고, 나는 그 어두운 시절을 지금 비안개 속의 오름을 도는 방식으로 헤쳐 나왔다는 사실을 깨달았습니다. 안개로 앞을 내다볼 수는 없어도 안개 속에는 길은 있고, 시야에 보이는 길을 따라 직진하면 그 볼 수 없는 길을 가게 되고 마침

내 목적지에 도달하듯이, 앞날도 앞길도 보이지 않던 그 시절 하루하루를 현재 직면한 일을 해나갔을 뿐이지만 결국 문제는 해결되었던 것입니다. 이런 회상을 하며 앞을 내다볼 수 없는 안개 속에서 눈에 보이는 곧은길을 직진하다 보니 올라온 원점에 도착해서 다시 오름을 내려 왔습니다.

우리 인생의 날도 짙은 안개가 끼어 한치 앞도 보이지 않는 때가 있습니다. 인생의 환난 날의 한가운데서는 미래를 가름 할 수도 없고 도무지 길이 보이지 않습니다. 그래서 막막하기만 합니다. 사람들은 이렇게 되면 좌절하고 방황합니다. 염려와 근심에 싸여 길을 찾기에 급급합니다. 이것이 안개 속에서 길을 찾으려고 헤매면 도리어 길을 잃어버리는 것 같이 환난 속에서 제 길을 잃게 하고 헤어나지 못하게 만듭니다.

오히려 길이 보이지 않는 안개 속의 인생의 날을 돌파하고 헤쳐 나가는 지혜는 안개 낀 오름의 분화구를 도는 것과 같이 하는 것입니다. 앞길이 보이지 않아도 안개 속에 길은 있듯이 환난 속에는 문제 해결의 길도 거기 있기 마련입니다. 안개 속에서 시야에 보이는 길로 직진하면 오름의 분화구를 한 바퀴를 도는 것 같이 지금 현재 보이는 자신의 길을 가고 지금 당면한 자기 일을 해나가면 결국 문제는 해결되고 원하는 인생의 자리에 이르게 되는 것이 아니겠습니까? 그래서 예수님이 "내일 일을 위하여 염려하지 말라 내일 일은 내일이 염려할 것이요 한 날의 괴로움은 그 날로 족하니라"(마 6:34)고 하신 것입니다.

따라서 믿음은 앞이 보이지 않을 때 염려하고 좌절하고 방황하는 것이 아니라 오늘 해야 할 일을 충실히 해가는 것이며 지금 가야 할 자기 길을 직진하는 것입니다. 돌아보면 앞날이 보이지 않는 그 시절에 직면한 현실을 하루하루 충실히 살았을 뿐인데 문제는 해결되고 원하는 삶의 자리에 있게 되지 않았습니까? 그러므로 안개 낀 인생의 날에는 단순하게 현재 직면한 자신의 길을 충실히 걷고, 직면한 자신의 일을 해나가는 것이 인생 성공의 비결임을 잊지 맙시다. 이것이 비안개 속의 백약이 오름의 분화구를 걸으며 새삼 깨달은 인생의 지혜입니다.

담넌 사두악 수상시장에서 부흥을 보다

-그렇습니다! 가장 아름답고 매혹적인 볼거리는
거짓 없고 개성 있는 진솔한 삶의 모습일 것입니다.
우리 교회가 부흥하는 길도 바로 여기에 있을 것입니다.
이 세상에 교회와 그리스도인이 아름답고 매력 있는 것은
기독교인만의 독특한 삶 때문입니다.
세상과 다른 기독교인의 천국적인 독특한 삶이
세상에 기이한 것이기 때문입니다.-

태국은 다시 찾는 관광지 1위로 꼽히는 세계적인 관광 국가입니다. 무엇이 태국을 다시 찾는 관광지 1위가 되도록 했을까요? 이 질문이 풀린 곳이 '담넌 사두악 수상시장(水上市場)'을 돌아보면서였습니다. 장대하고 수려한 자연을 선호하는 나에게는 이번 태국여행은 선교여행이 아니었다면 특별할 것이 없는 여행이 되고 말았을 것입니다. 태국의 유명한 관광명소들을 가지 않고 간 곳의 유명 관광지를 둘러보지 못한 이유도 있겠지만 둘러본 트라이앵글 지역과 몇몇

곳들도 수려하거나 장엄한 절경이 있는 곳이 아니었습니다.

담넌 사두악 수상시장만 해도 그랬습니다. 그곳은 시원한 강줄기가 흐르거나 규모가 큰 운하(運河)도 아니며 수질 또한 더럽기 짝이 없었습니다. 처음 보트가 출발하는 관계수로(灌漑水路) 같은 좁다란 수로는 생활하수와 쓰레기로 인한 악취가 구토를 느끼게 했고, 보트가 물살을 가르며 달릴 때 그 더러운 물이 혹시 입에 튈까 전전긍긍하기도 했습니다. 넓은 수로도 잘되어야 이십 메타나 될까? 거기에 관광객을 대상으로 하는 상인들의 보트가 호객하고 있었습니다. 왜 이런 곳이 007영화에도 등장하는 유명한 관광지이고 특히 서양인들이 매료되고 있을까를 생각하지 않을 수 없었습니다. 그것은 바로 거기에 태국이라는 나라와 거기서 뿌리박고 사는 사람들만의 삶의 형식을 오롯이 보여주는 곳이기 때문일 것입니다.

본래 방콕의 차오프라야 강 델타 평야지대는 해수면(海水面)과의 차이가 3미터에 지나지 않습니다. 방콕은 해발 20센티미터에 이르는 곳도 태반입니다. 거의 해발고도가 없는 셈입니다. 따라서 이 수상시장이 있는 지역도 침수가 일상이 되었고, 또한 길을 내기가 어려워 이 지역에서 생산되는 곡식과 과실을 운반할 길이 없었습니다. 그래서 라마 6세는 물을 피할 수 없는 지역의 사람들은 물과 더불어 사는 것이 최선이라고 생각하여 이곳에서 방콕에 이르는 300여 킬로미터에 달하는 긴 운하를 파게 했습니다. 그리고 수로에 관공서와 시장을 세우게 했습니다. 수로를 파자 물이 빠져 경작지가 안정되고 수로는 길이 되었습니다. 이 수로를 따라서 수상가옥이 들어서고, 이 수로를 따라서 거래가 이루어지게 된 것입니다.

동남아 지역의 로컬시장은 더위를 피하기 위하여 이른 아침에 장이 섭니다. 그래서 지역주민들이 거래하는 장을 보려면 오전 5시~8시경이 제격입니다. 그 후 시간은 관광객을 대상으로 하는 상인들의 보트가 있을 뿐입니다. 그러니 그곳에 10시 넘어서야 도착한 우리는 그 진면목을 못 본 셈입니다. 이 시간에 주민들은 보트에 생산한 곡식이나 채소, 과실을 싣고 나와서 거래를 합니다. 그래서 출근시간에는 이 모습을 보러온 관광객들의 보트와 뒤엉켜 오도 가도 못하는 러시아워가 일어나기 합니다.

여기서 관광객들은 보트에 앉아서 물건을 흥정하기도 하고, 열대과일과 유명한 쌀국수를 맛보기도 하는 등의 태국 체험을 하는 것입니다. 지금이야 도로의 발달로 이 수상시장이 쇠퇴했음을 물론입니다. 결국 이런 태국만의 이국적이고 진솔한 삶이 볼거리가 된 셈입니다.

그리고 이런 곳을 관광 상품이 되게 한 태국 사람들의 발상의 전환이 놀랍기도 합니다. 냄새나고 지저분한 이곳은 어찌 보면 감추고 싶은 곳입니다. 몇 번의 아시안 게임, 그리고 88서울올림픽 때를 생각해 본다면, 만약 우리 한국의 관리들이라면 분명 치부로 여기고 감추었을 곳입니다. 어떻게 그들은 이곳에 관광객들이 오리라고 생각할 수가 있었을까요? 태국인은 그네들만의 독특하고 진솔한 삶이 가장 매력적인 볼거리라는 것을 일찍 알았다는 얘기입니다. 이 점이 우리가 태국보다 수려한 관광 자원을 가지고 있으면서도 관광국가 되는 못하는 이유는 아닐까 싶습니다.

그렇습니다! 가장 아름답고 매혹적인 볼거리는 거짓 없고 개성 있는 진솔한 삶의 모습일 것입니다. 우리나라가 관광대국이 되는 길도 여기에 있을 것이지만, 우리 교회가 부흥하는 길도 바로 여기에 있을 것입니다. 이 세상에 교회와 그리스도인이 아름답고 매력 있는 것은 기독교인만의 독특한 삶 때문입니다. 세상과 다른 기독교인의 천국적인 독특한 삶이 세상에 기이한 것이기 때문입니다. 그래서 안디옥 사람들은 안디옥에 있는 기독교인들에게 '그리스도인'(christian)이란 별명을 붙여주지 않았습니까?

담넌 사두악 수상시장만의 독특한 삶의 풍경의 매력에 관광객이 몰려오듯이, 기독교인의 독특한 삶의 모습에 사람들은 기독교에 매력을 느끼고 교회로 몰려올 것이기 때문입니다. 주님은 이를 빛과 소금이라 부르셨습니다. 지금의 침체는 이 기독교인다움을 잃었기 때문입니다. 그러므로 부흥은 기독교인의 독특한 삶을 사는 것입니다. 주님은 말씀하십니다. "이같이 너희 빛이 사람 앞에 비치게 하여 그들로 너희 착한 행실을 보고 하늘에 계신 너희 아버지께 영광을 돌리게 하라"(마 5:16).

나는 담넌 사두악 수상시장에서 태국을 보고, 그리고 거기서 교회 부흥을 보고 온 셈입니다. 다시 태국에 간다면 새벽에 서는 담넌 사두악 수상시장을 보고 싶습니다.

갱갱이의 십자가의 길을 걷다

-고요히 눈 감으면 지금은 사라지고 없는
소년시절 여름성경학교 강습회 때 와서 처음 보았던,
강경 금강변의 바람에 흔들리던 아름답던 갈대밭이 떠오릅니다.
그 갈대숲에서는 항상 소소한 소리가 났습니다.
지금 바람에 흔들리는 갈대숲에서 그 나직나직한 속삭임이
들리는 것 같습니다. "너는 나를 따르라. 그들처럼…!" -

'갱갱이' 라고 하면 타지 사람들이나 요즘 사람들은 알아 듣지 못하지만, 강경과 인접한 지역 사람들에게는 반갑고 정겨운 이름일 것입니다. 이 지역 사람들은 강경을 '갱갱이' 라고 불렀기 때문입니다. 강경은 앞소리를 되게 내는 충청도 방언으로 갱갱이, 갱경으로 불렸습니다. 이 갱갱이 얘기를 하는 것은 금년 사순절에 순례 일정의 일환으로 이 강경의 순교지(殉敎地)와 선교유적지를 돌았기 때문입니다.

강경장이 평양장과 대구장과 함께 조선의 삼대 장이 된 것은 강경이 금강 들머리에 위치하고 있었기 때문입니다.

뱃길이 가장 빠르고 유용한 교통수단이던 시절 강경포구는 내포지역으로 물산이 들어오고 내포지역의 물산이 조선 각 지로 나가는 교통의 중심이었습니다. 따라서 충청도와 내포 지역에 복음을 전하려는 선교사들은 이 지역에 주목했고 일찍 복음이 들어와 정착된 지역이기도 합니다. 일찍 복음을 받았기 때문에 일제의 탄압과 6.25를 겪으며 수난을 피할 수 없었을 것입니다. 강경은 이런 선교와 순교의 자취와 흔적이 새겨진 한국기독교 역사의 현장입니다.

첫 방문지 병천성결교회는 전교인 84명 중에 16세대, 66명이 순교의 면류관을 쓴 교회입니다. 심지어 임신한 몸으로 가족과 함께 순교하면서도 손을 들어 자기의 영혼을 부탁하며 숨져간 분도 계셨습니다. 옥녀봉에는 우리나라 최초의 침례교회가 을씨년스러운 경관으로 순례자들을 맞고 있었습니다. 그리고 건너편 강변에는 이 교회를 담임했던 이종덕 목사의 순교비가 외롭게 서서 목회자의 길, 십자가의 길을 증언하고 있었습니다. 이종덕 목사는 사람들이 기독교인임을 쉬쉬하고 있을 때 평소에는 쓰지도 않던 명함을 수기(手記)로 만들어 내무서와 인민위원회를 찾아다니며 전도하다 퇴각하는 공산당의 손에 금강의 갈대밭에서 순교의 면류관을 쓰신 분입니다.

　이 옥녀봉 아래에 있는 부옥감리교회는 유일한 정사각형 한옥 건물인데, 본래는 강경성결교회로 건축된 교회입니다. 이 부옥교회가 특별한 것은 건축물의 양식 때문이기도 하지만 선교사의 매 맞은 값으로 지어졌다는 점일 것입니다. 토마스 감독이 이곳을 시찰하다 일경과 헌병들에게 무차별적인 뭇매를 맞았습니다. 이 사건은 영국과 일본의 국제문제로 비화되었고, 일제는 토마스 감독이 조선에서 나가는 조건으로 보상금을 냈습니다. 이 매 값의 일부로 지어진 것이 부옥성결교회였는데 교회를 홍교리로 이전할 때 분열로 이피 어린 교회당은 감리교가 되었습니다. 이 교회는 주일학교 학생들이 일반학교에서 신사참배 반대운동을 한 교회로도 유명합니다.

　병촌교회가 주님의 제자 됨과 성도로서 믿음의 길을 생각하게 했다면, 허술하게 남아 자리를 지키고 있는 강경침례교회의 유적은 역사의식을 생각하게 했습니다. 금강의 한 모퉁이에 외로운 이종덕 목사의 순교비는 목회자와 전도자의 길이 얼마나 외로운지를 말하는 듯했습니다. 그리고 부옥감리교회는 교회의 일치와 화목의 중요성과 주일학교 교육의 중요성을 일깨워주었습니다. 매를 맞으면서도 한국에 남기를 원했던 토마스 감독, 그리고 이종덕 목사는 죽어야 할 금강 갈대밭으로 끌려가며 무엇을 생각했을까요?

모름지기 사람에게는 자기 길이 있지요. 옥녀봉에서 유구히 흐르는 금강의 물길을 굽어보며 자기 길을 걷는 것이 얼마나 힘들고 외롭고 먼 길인가를 생각했습니다. 강물은 물길을 따라 유유히 흐릅니다. 이렇게 자기 길을 가는 것은 순리順理)이고 자연스러운 일이자 만족이고 행복일 것입니다. 그러나 자신이 가야할 길을 가는 것은 누구도 함께 할 수 없는 외롭고 고독한 길이며 자신을 부인해야 갈 수 있는 고난의 길이기도 합니다. 토마스 감독과 이종덕 목사, 그리고 강경성결교회 주일학교 아이들과 병촌의 성도들은 그 자기 길을 거부하지 않았습니다.

고요히 눈 감으면 지금은 사라지고 없는 소년시절 여름성경학교 강습회 때에 와서 처음 보았던 강경 금강변의 바람에 흔들리던 아름답던 갈대밭이 떠오릅니다. 그 갈대숲에서는 항상 소소한 소리가 났습니다. 지금 바람에 흔들리는 갈대숲에서 그 나직나직한 속삭임이 들리는 것 같습니다. "너는 나를 따르라. 그들처럼…!"

천폭협에서 사대강을 보다!

-여행은 이렇게 삶과 현실을 관조하고 거기서 하나님의 음성을 듣게 하는
좋은 창조적 수단이자 기회입니다.
이것이 돈 들이고 시간 들여서 여행하는 이유가 아니겠습니까?-

중국을 여행할 때마다 놀라는 것 중의 하나가 그 놀라운 비경을 관광지와 관광 상품으로 개발하는 능력입니다. 저 유명한 장가계나 황산의 신비에 가까운 절경은 그 자체로는 사람의 접근이 어려우며 험준하기가 이를 데 없지만, 이 절경이 세계적인 관광지가 된 것은 누구든지 접근할 수 있게 개발하되 자연과 인공(人工)을 절묘하게 조화시켰기 때문입니다. 뿐만 아니라 그들은 그 자연을 무대로 하여 장대한 퍼포먼스까지도 합니다. 이것은 중국인의 예술성과 상술의 탁월성을 동시에 보여주는 것입니다.

이번 여행의 일정 중 하나인 운대산 역시 그랬습니다. 운대산의 홍석협은 자연과 인공이 이렇게 조화를 이룰 수가

있다는 사실을 실감나게 하는 곳이었습니다. 그래서 중국당국은 이곳을 "과학적 가치와 미학 가치를 융합한 과학보급 관광 정품 관광구"라고 자랑하고 있습니다. 그러나 자방호 상류의 담폭협과 천폭협은 자연에 인공을 가미하는 것의 위험성을 그대로 노출하고 있었습니다. 운대 천폭까지 3킬로미터 정도의 협곡은 계곡의 양옆으로 하늘을 찌르는 암벽들과 곳곳에 작은 폭포를 흘리고 소(沼)를 이루며 계곡을 흐르는 옥수(玉水)로 절경을 이루고 있었습니다.

흐르는 물소리를 들으며 이 계곡의 초입에 들어서다 이상한 점이 눈에 띄었습니다. 계곡을 흐르는 물이 기대와 다르게 깨끗하지 못했던 점입니다. 부유물질이 떠오르고 물이 오염된 것 같이 보였습니다. 이 점이 참 의아했습니다. 심산 유곡에 오염원이 있을 리 만무했기 때문입니다. 의아한 생각을 가지고 계곡을 오르다 눈에 들어온 것이 있었습니다. 아름답게 소를 이룬 곳들은 인공으로 보를 쌓아 더 큰 소를 이루게 한 것이었습니다. 천폭 아래의 유담에 이르러서는 이 아름다운 계곡의 물이 왜 오염되었는지를 분명히 볼 수가 있었습니다.

그것은 소를 만들기 위하여 보를 쌓았을 뿐만 아니라 바닥을 준설했고 콘크리트 둑을 만들었기 때문이었습니다. 유담의 바닥을 자세히 살펴보니 준설된 바닥은 허옇게 물 딱지가 덮여 있고, 여기저기서 기포와 함께 그 부패한 물질이 떠오르고 있었습니다. 내려오면서 살펴보니 이 현상은 하류로 내려갈수록 심해지고 있었습니다. 제가 놀란 것은 그 계곡의 수량이 풍족하고 또 흐르는 계곡임에도 계곡의 바닥은 생명을 잃었고 그래서 물이 오염되고 있었다는 것입니다.

중국당국은 소를 만들고 여기 저기 흐르는 물의 낙차를 이용하여 인공 폭포를 만들어 수려한 계곡을 더 신비하게 만드는 데는 성공했지만, 계곡과 물은 건강을 잃게 만든 것입니다. 저는 내려오는 길에 피곤한 다리를 쉴 겸 소를 건너는 다리에 앉아서 그 오염된 바닥을 들여다 보다 우리의 사대강(四大江)을 생각했습니다. 우리의 사대강이 이 천폭협과 같이 되면 어쩌나 더럭 겁이 났습니다. 사대강에 대한 우려의 소리가 높은데, 정부는 사대강에 대한 걱정의 소리에 방어하기에 급급한 자세를 보일 것이 아니라 문제를 제기하는 이들과 함께 진지한 검토가 있어야 할 것입니다. 행여라도 우리의 사대강에 천폭협과 같은 결과가 일어난다면 이는 민족 전체에 재앙이 될 것이기 때문입니다.

근대화와 개발시대를 지내온 우리는, 개발은 좋다는 환상에 젖는 경향이 있습니다. 그래서 보존보다는 개발에 더 가치를 부여하려고 합니다. 심지어 이것의 위험성을 감수하려고만 합니다. 보존보다 개발로 오는 경제적 가치와 이익에 더 민감합니다. 그래서 비판을 사시로 보는 경향이 농후하고 이것이 환경파괴로 직결되어 우리의 자연환경은 심각하게 파괴되고 있습니다.

그래서 저는 우리 그리스도인들은 창조질서 보존에 대한 새로운 각성이 필요할 때라고 생각합니다. 왜냐하면 그리스도인은 물질적인 가치나 자기 이익보다 영적인 가치와 세상의 행복을 섬기는 종들이기 때문입니다. 그러므로 사심 없이 자연 환경을 보존하고 회복할 사람은 그리스도인들이라고 믿습니다. 이런 이유 때문에 존 스토트도 그의 마지막 저서 「제자도」에서 마지막 항목으로 창조질서 보전을 '제자도'라고 규정했습니다.

그렇습니다. 주님의 제자는 살리는 사람이며 하나님의 청기기이기 때문에 하나님이 주신 창조세계를 지키고 보존하는 데 앞장 서야 합니다. 그리스도인은 자기 이익을 따르지 않는 사람이기 때문에 사심 없이 자유롭게 자연환경 보전에 나서야 한다고 믿습니다. 그리고 이것은 아주 작은 것-쓰레기 분리수거 같은 것-을 지키는 데서 시작되며 이루어진다는 것을 기억합시다.

자연과 생명에 대한 외경감을 회복하는 것에 현대 세계의 미래가 달렸다는 것이 이번 여행에 제게 주신 주님의 메시지입니다. 여행은 이렇게 삶과 현실을 관조하고 거기서 하나님의 음성을 듣게 하는 좋은 창조적 수단이자 기회입니다. 이것이 돈 들이고 시간 들여서 여행하는 이유가 아니겠습니까?

애양원에 떨어진 동백꽃은 붉었다!

-애양원에 피어난 손 목사님의 양 무리에 대한
지고지순(至高至純)한 동백보다 붉은 사랑,
그리고 동백보다 붉은 순교신앙의 꽃은
동백보다 붉게 우리 마음에서 피어야 할 것입니다.
지금 눈감으면 여자만(汝自灣)을 굽어보는 삼부자(三父子) 묘가
떨어진 세 송이 동백꽃 처럼 눈에 선합니다.
애양원에 떨어진 그날의 동백꽃은 참으로 붉고 붉었습니다.-

동백꽃 지던 여수 '애양원' 으로 손양원 목사님을 만나러 가는 길은 참 멀고도 멀었습니다. 내가 「사랑의 원자탄」을 읽은 것이 막 이십대에 들어설 때였고, 「사랑의 원자탄」을 영화로 본 것도 이십대 초반으로 기억합니다. 이십 중반에 헌신했고, 목사 된지 삼십 년이 넘어서야 비로소 손양원 목 사님이 사역하셨고 순교한 애양원을 찾았으니 멀고 먼 길을 돌아온 셈이 아니겠습니까?

금년 순교지 순례를 애양원으로 정한 것도 여러 번 망설 이다 어렵게 내린 결정이었습니다. 작년 여수해양박람회로 인해 아무리 길이 좋아졌다고 해도 편도 4시간이 소요되는

장거리를 교인들과 함께 당일치기로 다녀오는 것은 여러 가지 문제가 따랐기 때문입니다. 또한 일찍 출발하여 늦은 시간에 돌아오는 것은 목회적으로도 지혜로운 일은 아니기 때문입니다. 하여튼 한국교회 목회자들의 사표(師表)인 순교자 손양원 목사님을 이제야 찾게 되니 만시지탄(晩時之歎)과 더불어 왠지 송구한 마음뿐이었습니다.

애양원은 여수공항 앞에서 내가 돌아온 세월만큼이나 길어 보이는 긴 공항 담장을 따라서 공항을 빙 돌아서 나지막한 동산 위에 고풍스럽게 여자만을 향하여 외롭게 있었습니다. 지금 개발될 대로 개발되어 입구에 공항이 있고, 건너편에는 여수산업공단이 있는 지금도 이곳이 육지인지 섬인지 잘 분간이 안 되는데, 일제 때는 얼마나 고적했겠습니까? 공항 길을 휘돌아 애양원으로 들어가며 그 시절 천형의 질병으로 세상의 버림을 받아 귀양지 같은 이곳을 찾아들어 둥지를 틀었을 목자 없는 양 같은 한센병 환자들의 처지를 생각하니 가슴이 먹먹해졌습니다.

애양원은 목포에서 사역하던 오웬 선교사를 치료하려고 광주에서 길을 떠난 포사이트 선교사가 노중에 만난 한 여성

한센병자를 치료한데서 시작된 한국 최초의 한센병 전문요양병원입니다. 본래 광주에 광주 나병원으로 있다가 여수로 들어가는 들목인 율촌면 신풍리로 이전하여 한국의 한센병자들의 희망이자 요람이 된 곳입니다. 손양원 목사님이 여기를 사역지로 삼았다는 것이야말로 '예정' 일 것입니다. 손 목사님처럼 이곳에 적격일 분은 없을 것이기 때문입니다.

우리 일행이 도착했을 때, 애양원은 공사 중이라 조금 어수선했습니다. 먼저 애양원교회 현관 앞에 있는 〈손양원 목사 순교기념비〉를 돌아보고 석조로 지어진 지금은 문화재가 된 교회 안에서 간단하게 애양원과 손양원 목사 신앙과 삼부자의 순교와 용서의 사랑을 설명한 후에, 애양원 역사박물관과 손양원 목사 순교기념관을 돌아보고 삼부자 묘지에서 간단하게 예배를 드리는 순으로 순례를 마감했습니다.

순교기념관에서 제 마음을 사로잡은 것은 "나는 예수에 중독되어야 하겠다."라는 손 목사님의 지론과 동신, 동인 두 아들의 순교를 감사한 저 유명한 감사를 기록한 빛바랜 헌금 봉투와 삼부자 묘지였습니다. 이것이 제 마음을 사로잡은 것은 저도 목사로서의 의무와 책임감 때문에서라도 일천 명이나 되는 양떼를 두고 나 혼자만 살겠다고 피난가지는 않을 것 같지만, 손 목사님과 같이 한센병자들의 환부를 입으로 빨아줄 자신도 없고, 또 두 아들을 죽인 원수를 아들로 삼을 만한 도량도 없지만, 감사하는 것은 나 같은 목사도 가능하다고 생각했기 때문입니다.

이번 애양원에서 만난 손양원 목사님과 손 목사님의 길은 나로서는 왠지 여기서 애양원이 먼 것 같이 멀게 느껴졌습니다. 아마 주기철 목사님과 더불어 한국교회 순교의 양대 산맥과 같은 가장 유명한 순교자이자 사랑의 성자(聖者)로 불리시는 분이시기 때문일 것입니다. 손 목사님이야 목사이기에 주님 가신 십자가의 길을 가셨겠지만, 일천 명의 애양원 양떼를 버릴 수 없다며 장로들이 피난 가도록 마련한 배에서 내려 죽음의 자리로 돌아왔을 때, 그리고 두 아들을 먼저 천국으로 보낸 사모님이 남편까지 순교의 제물이 되었을 때의 그 심정이 어떠했을지 삼부자 묘 앞에 서니 그저 가슴이 저며 왔습니다.

일제의 사신 우상 앞에 결코 굴하지 않은 수진 성도이자 양을 위하여 생명을 바치는 어진 사랑의 목자. 주님 사랑과 진리를 지키려 박해의 십자가의 길을 가시다 앞선 두 아들과 같이 미평 과수원에서 마침내 자신을 순교의 제물로 드리시고 그리 사랑하시던 주님 품에 안기신 손양원 목사님, 그리고 그와 함께 천형의 질병을 지고 주님을 섬겼던 애양원 한센병 성도들의 삶과 신앙은 이 시대의 성도들에게 무엇을 말해주고 싶어 할지, 여자만(汝自灣)에서 불어오는 바람이 세미한 소리로 말해 주는 듯 했습니다.

돌아오는 차 안에서 성도들이 이번 애양원 순례에서 받은 은혜와 도전을 나누는 소리를 들으면서, 손양원 목사 순교 기념비 곁에 떨어진 동백꽃이 생각났습니다. 동백은 한번은 나무 가지에서 피고 한번은 땅 위에서 핀다고 합니다. 동백꽃은 마치 목이 뎅경 떨어지는 것 같이 꽃송이 채 뚝뚝 땅 위에 떨어집니다. 그리고 동백은 꽃이 시들기 전에 떨어지기 때문에 마치 다시 한 번 땅 위에서 피어난 것 같습니다. 그리고 어떤 이는 눈동자와 사진에서 다시 핀다고 하지만 저는 마음에서 핀다고 말하고 싶습니다.

동백의 꽃말은 〈자랑, 겸손한 아름다움, 고결한 사랑, 그대를 누구보다 사랑합니다〉 등입니다. 동백꽃은 그 어느 꽃보다도 순교자와 어울리고 순교자를 닮은 하나님의 아름다운 피조물(被造物)입니다. 동백이 떨어져서 땅 위에서 다시 피는 것 같이 순교자는 죽어서 말하고, 주님이 다시 오시는 그날까지 많은 이들의 가슴에서 그 신앙과 삶이 다시 피어나기 때문입니다. 돌아오는 차 안에서 성도들의 가슴에서 손양원 목사의 신앙이 동백처럼 다시 피어나는 소리를 듣는 것은 참 행복한 일이었습니다.

그날 애양원에 떨어진 동백이 유난히 붉었던 것은 이 때문이었을 것입니다. 애양원에 피어난 손 목사님의 양 무리에 대한 지고지순(至高至純)한 동백보다 붉은 사랑, 그리고 동백보다 붉은 순교신앙의 꽃은 동백보다 붉게 우리 마음에서 피어야 할 것입니다. 지금 눈감으면 여자만(汝自灣)을 굽어보는 삼부자(三父子) 묘가 떨어진 세 송이 동백꽃 처럼 눈에 선합니다. 애양원에 떨어진 그날의 동백꽃은 참으로 붉고 붉었습니다.

프랑스와 미국
두 강대국을 이긴 저력

-지금도 돈 문제로 지도자들이나 교회가 세상에 회자되면
하노이의 소박한 호치민의 집이 떠오릅니다.
그리고 거기서 나직한 소리가 들리는 것 같습니다.
"지도자의 덕목은 희생과 헌신, 그리고 소박한 삶이다."-

베트남은 우리에게 베트남이라는 이름보다는 "월남"(越南)이라는 이름으로 각인된 나라입니다. "정의의 십자군 깃발을 높이 들고"라는 백마부대 노래를 시작으로 "삼천만의 자랑인 대한 해병대"로 시작되는 청룡부대 노래나 맹호부대 노래가 아직도 귀에 쟁쟁하며, 참전 용사들이 월남에서 가져온 커피나 전자제품에 대한 추억과 더불어 남베트남의 패망이 가져온 공산화의 공포가 월남에 대한 우리의 이미지입니다.

　야자수 그늘진 남국에 대한 철없는 낭만과 막연한 동경심과 더불어 공포의 트라우마로 남아 있는 베트남이 지금 우리 사회에 한창 관광 붐을 일으키고 있는 데서 격세지감(隔世之感)을 느낍니다. 이 격세지감으로 지난 주 베트남 북부를 다녀왔습니다. 그 중에서 영화「인도차이나」에서 보았던 국립공원 하롱베이(Halong Bay National Park)가 압권이었습니다.

　베트남이 프랑스와의 전쟁에서 승리하자, 공산주의의 아시아 재패를 우려한 미국이 베트남 남쪽에 자본주의자들을 내세워 자유 월남정부를 세우므로 제2차 베트남전쟁이 시작되었습니다. 천문학적인 군비와 막대한 전사자를 내고도 궁지에 몰린 미국은 우리 한국에 파병을 요구하기에 이르렀습니다. 일부의 반대가 있었지만 6.25의 빚을 지고 있는 우리나라는 8차에 거쳐 32만여 명을 파병하여 5천 명이 넘는 전사자를 냈고, 지금도 3만 2천여 명이 고엽제 후유증으로 고생하고 있습니다. 이들의 피 값으로 조국은 자주국방의 기틀을 닦았을 뿐만 아니라, 경제개발 5개년계획을 시행할 수 있게 되어 오늘의 한국을 있게 했습니다.

　　역사의 전대미문의 최강국인 미국은 5만 2천 명이 넘는 전사자를 내고도 프랑스와 같이 베트남에 패했고, 베트남은 통일 베트남을 이루었습니다. 그 베트남의 북부를 돌아보며 못내 궁금한 것이 그 미국에 최초로 패배를 안긴 그네들의 저력이었습니다. 이 질문이 풀린 곳이 바로 하노이의 호치민(Ho Chi Minh, 1890-1969)의 집과 그 집무실이었습니다. 그의 집은 작은 방 두 칸짜리의 원두막을 연상케 하는 소박한 목조건물이었습니다. 그의 집무실은 달랑 작은 책상 하나와 걸상이 전부였고, 그 책상 위에는 한 권의 책이 놓여 있었습니다. 침실도 침상 하나 책걸상 하나가 전부였습니다.

　　그는 정약용을 존경하여 늘 「牧民心書」를 가까이 했다고 합니다. 호치민은 정약용의 「목민심서」를 읽으며 독신으로 조국에 헌신하되, 소박한 인민의 친구로 헌신한 것이 혁명가인 그를 "호 아저씨"로 불리게 한 호치민의 지도력이었고, 이 지도력이 미국을 이기는 민족적 저력을 이끌어냈던 것입니다. 이 호치민의 집을 둘러보며 우리나라 지도자들의 만년의 모습이 자꾸만 매치가 되었습니다. 쫓겨나거나 아니면 죽임을 당하거나, 퇴임 후 감옥으로 가는 우리 지도자들과 얼마나 대조적입니까? 언제 조국에 죽어서도 숭앙(崇仰)의 대상이 되는 헌신과 희생과 청빈이 덕목인 참된 지도자를 가질 수 있을지 부럽고 가슴이 먹먹해졌습니다.

그렇습니다. 참된 리더쉽은 헌신과 희생에 있습니다. 이런 지도자를 가진 민족은 어떤 시련도 극복할 수 있고, 반드시 복지국가(福祉國家)를 이룬다고 확신합니다. 교회도 그렇습니다. 교회는 주님과 사도들의 헌신과 순교로 이루어졌습니다. 이 헌신과 순교적 신앙과 절제된 소박한 삶이 있을 때 교회는 능력이 있고 영광스러웠지만, 이것을 잃을 때 교회는 빛을 잃었다는 것이 교회사의 증언이 아닙니까?

조국교회의 침체도 바로 여기에 기인할 것입니다. 이런 조국과 교회를 바라보며 내가 조국교회의 목사의 하나로서 조국교회의 현실에 깊은 책임을 느꼈습니다. 그리고 목회자의 길을 다시 한 번 생각할 수밖에 없었습니다. 그해 노회를 책임진 직임을 지고 있었기 때문에 저는 이런 지도력을 가진 조국과 교회가 되도록 기도할 것을 제안하고 기도함으로 베트남에서의 수양회 마지막 집회를 마무리 했습니다.

지금도 돈 문제로 지도자들이나 교회가 세상에 회자되면 하노이의 소박한 호치민의 집이 떠오릅니다. 그리고 거기서 나직한 소리가 들리는 것 같습니다. "지도자의 덕목(德目)은 희생과 헌신, 그리고 소박한 삶이다."

내 영혼의 샘터

2013년 12월 10일 초판 1쇄 인쇄
2013년 12월 20일 초판 1쇄 발행
지은이 | 라 인 권
발행인 | 김 수 곤
발행처 | 도서출판 선교횃불(ccm2u)
　　　　전화: (02) 2203-2739
　　　　팩스: (02) 2203-2738
등록일 | 1999년 9월 21일 제54호
등록주소 | 서울시 송파구 삼전동 103번지
홈페이지 | www.ccm2u.com

ⓒ도서출판 선교횃불